LIFE IN TECHNICOLOR

A CELEBRATION OF

COLD PLAY

콜드플레이

지은이 **뎁스 와일드**

1996년부터 음악 관련 일을 한 뎁스 와일드는 A&R로 업계에 입문했다. 1998년 9월, 런던에서 온 무명 밴드가 맨체스터의 한 카페에서 공연을 했다. 10명도 채 안 되는 관객 중 한 명이었던 뎁스 와일드는 밴드를 처음 본 순간 눈앞에 미래가 펼쳐졌다. 오늘날까지 뎁스는 콜드플레이 사단의 핵심 인사로 활동하고 있다. 그는 콜드플레이의 데뷔 20주년을 기념해 『콜드플레이』를 출간했다.

지은이 **맬컴 크로프트**

기자, 작가, 문화 관련 출판기획자 등 다양한 직업을 섭렵한 맬컴 크로프트는 지난 15년 동안 세계적인 인기를 누리면서 여러 밴드들과 시간을 보냈으며, 다양한 장르의 책을 직접 쓰기도 하고 출판도 했다. 뎁스 와일드와는 2007년에 만났는데, 두 사람 모두 음악과 샴페인을 좋아해서 쉽게 친해질 수 있었다.

옮긴이 **최영열**

한양대학교 연극영화학과를 졸업한 후 연극배우로 활동하고 있으며, 번역 에이전시 엔터스코리아에서 출판기획자 및 전문번역가로 일하고 있다. 옮긴 책으로는 『스피드 페인팅 마스터하기: 빠르게 그리는 디지털 페인팅 기법』 『얼티밋 마블: 마블 유니버스에 대한 완전한 안내서』(공역) 『엘레멘티아 연대기』 등이 있다. 연극 〈레퀴엠 포 안티고네〉 루마니아 공연의 음악감독을 했으며, 대학 시절 록 밴드 활동 이후 취미로 꾸준히 음악을 해오고 있다.

콜드플레이

펴낸날 초판 1쇄 2019년 4월 15일
　　　　신판 1쇄 2025년 4월 16일
지은이 뎁스 와일드, 맬컴 크로프트
옮긴이 최영열
펴낸이 이주애, 홍영완
편집장 최혜리
편집2팀 송현근, 박효주, 홍은비
편집 김하영, 강민우, 한수정, 안형욱, 김혜원, 이소연, 최서영, 이은일, 김혜민
디자인 윤소정, 김주연, 기조숙, 박정원, 박소현
홍보마케팅 김준영, 김태윤, 백지혜, 박영채
콘텐츠 양혜영, 이태은, 조유진
해외기획 정미현, 정수림
경영지원 박소현
펴낸곳 ㈜윌북 **출판등록** 제2006-000017호
주소 10881 경기도 파주시 광인사길 217
홈페이지 willbookspub.com **전화** 031-955-3777 **팩스** 031-955-3778
블로그 blog.naver.com/willbooks
트위터 @onwillbooks **인스타그램** @willbooks_pub
ISBN 979-11-5581-212-9 03670

- 책값은 뒤표지에 있습니다.
- 잘못 만들어진 책은 구매하신 서점에서 바꿔드립니다.
- 이 책의 내용은 저작권자의 허가 없이 AI 트레이닝에 사용할 수 없습니다.

월북

LIFE IN TECHNICOLOR

A CELEBRATION OF

COLD PLAY

콜드플레이

뎁스 와일드 · 맬컴 크로프트

최영열 옮김

ITL Day 3

No. STUPID O' CLOCK!
Date. 14 Sep '98

Shattered! The last night of running around but the best! I think I beat my personal record of most bands seen at In The City this year. 52 out of 54. Would have been 53 if not for The Coldplay. Oh my God, they were amazing! One of the few bands I'd never heard of before but I'm so glad I got to see the whole set.

I walked in during what must have been their 1st song. The place was quite busy. Saw a couple of industry people milling around but I went and stood near the front. The vocals reminded me of Jeff Buckley BIG tick! ☺ It grabbed me immediately. Their sound is great — shame their look isn't. Pretty shabby. I think they must be students. I know everyone bangs on about image and all that but I don't care that the singer was wearing cords and a tank top over a t-shirt. He had a mop of curly hair and braces on his teeth. The rest of the band didn't look great either but they have something. Something special.

One song made me switch my phone off.

위, 오른쪽 1998년 9월 14일, 맨체스터의 쿠바 카페에서 콜드플레이를 처음 본 직후 뎁스가 쓴 일지.

It was so quiet I was scared my phone would ring!
I had a wow moment- I knew I was running late for my next gig (I missed it) but I couldn't drag myself away.
When they finished their set, I grabbed a business card from a board by the door. It says Phil Harvey Uberbitch Promotions. I wanted to call him right there and then but I'll wait until I get back to London.
People are always asking me, what are you looking for. I say, I don't know but I'll know when I hear it.
Now I know. I've heard it.
I've not been this excited for a long time!
Must sleep. First panel at 12.

> **"** 내가 없었어도 분명 이 모든 일들은 일어났을 거예요.
> 다만 모든 게 그날 밤부터 시작됐다는 사실에 엄청난
> 자부심을 느껴요. **"**

뎁스 와일드

INTRODUCTION 서문

1996년에 가이, 조니, 윌, 크리스는 콜드플레이를 결성했다. 오늘날 콜드플레이는 세계 최고의 밴드 중 하나다. 그들은 꿈을 이뤘고, 이제 그 이상을 이뤄가는 중이다. 그 과정에서 있었던 모든 이야기를 한 권의 책에 담는 것이 가능할까?

이 책을 쓰기로 결심했을 때 우리는 스스로에게 질문했다. "콜드플레이는 대체 어떤 점이 그렇게 특별했기에 오랜 시간 꾸준히 성장할 수 있었을까?"

밴드 매니저인 데이브 홈즈는 말한다. "정말 놀라운 이야기다. 오랜 시간이 지났지만 아직도 진행형이다. 그들은 자신들만의 노선을 걷고 있다."

조니와 크리스가 살던 캠든 로드 268번지, 그곳에서 합주를 하던 시절부터 웸블리 스타디움 4회 공연 전 좌석 매진을 기록할 때까지 한 걸음 한 걸음이 그들을 지금의 자리에 있게 했다. 멤버들은 결성 첫날부터 성공을 향한 투지를 갖고 있었다. "크리스와 난, 밴드의 전기에 대해 얘기하곤 했어요." 필 하비가 말했다. "생각나는 대로 주제를 꺼내고, 자유롭게 이야기했죠. 중대한 결정을 내린 순간들이나 주변 인물들에 관한 얘기를 많이 했어요." 2016년에 우리는 밴드 결성 20주년을 축하하며, 그들이 언급한 '전기'를 쓰기로 했다.

긴 시간이 지났음에도 콜드플레이는 진솔한 밴드로 남아 있으며 참된 팀워크를 유지하고 있다. 그들이 만드는 음악은 그들 자신을 더욱 강하게 만든다. 쉴 새 없이 변화하는 음악 시장에서 콜드플레이는 특유의 작곡 능력으로 자신들만의 자리를 지켜왔다. 공장식으로 생산되는 건 아무것도 없다.

"콜드플레이가 성공할 수 있었던 이유요? '우리 네 명 외에는 모두 적이야', '우리가 잘해서 성공한 거야. 모든 공은 우리에게 있어'와 같은 마인드로 세상을 바라보지 않아서인 거 같아요." 멤버들의 친구이자 배우 겸 작가인 사이먼 페그의 이야기다. "단체 의식이 강한 팀이죠. 멤버들은 주변에 있는 모든 사람들에게 정말 친절해요. 아직까지도 음악을 만들 수 있는 이유일 거예요. 옆에서 확 불질러버리고 싶어 하는 사람이 없으면 다 타버려서 소진될 이유도 없잖아요."

팬들에게 콜드플레이는 늘 호감을 주는 밴드다. 그들은 예전 록 스타들처럼 행동하지도 않고, 법정을 들락거리지도 않는다. 가장 친한 친구 네 명(다섯 번째 멤버이자 매니저인 필까지 합치면 다섯 명)이 비슷한 영혼의 소유자들과 음악에 대한 사랑을 나누는 것이 바로 콜드플레이다. 이들은 가식 없는 순수한 열정의 집합체다. 이들은 단순히 콜드플레이로만 존재하는 것을 편안하게 생각한다. 콜드플레이라는 단어의 뜻은 오직 하나, '가이, 조니, 윌, 크리스'일 뿐, 그 외의 의미는 없다.

이 책은 콜드플레이의 20주년을 축하하는 책이며, 당시 그곳에 있었던 사람들의 이야기를 엮어놓은 책이다. 콜드플레이의 다음 여정은 놀라움으로 가득할 것이다. 오늘은 그들의 데뷔 20주년 전야다. 지난날을 회상하며, 그들이 걸어온 먼 길을 돌아보기에 더없이 좋은 날이다.

뎁스 와일드 · 맬컴 크로프트

I Love you debs
Love
CHRIS

Happy Birthday!
lots of love, Guy xx

To Debs
You are the best!
Love Jonny

Dear Debs
Happy Birthday Lovely.
Lots of love, Will xxx

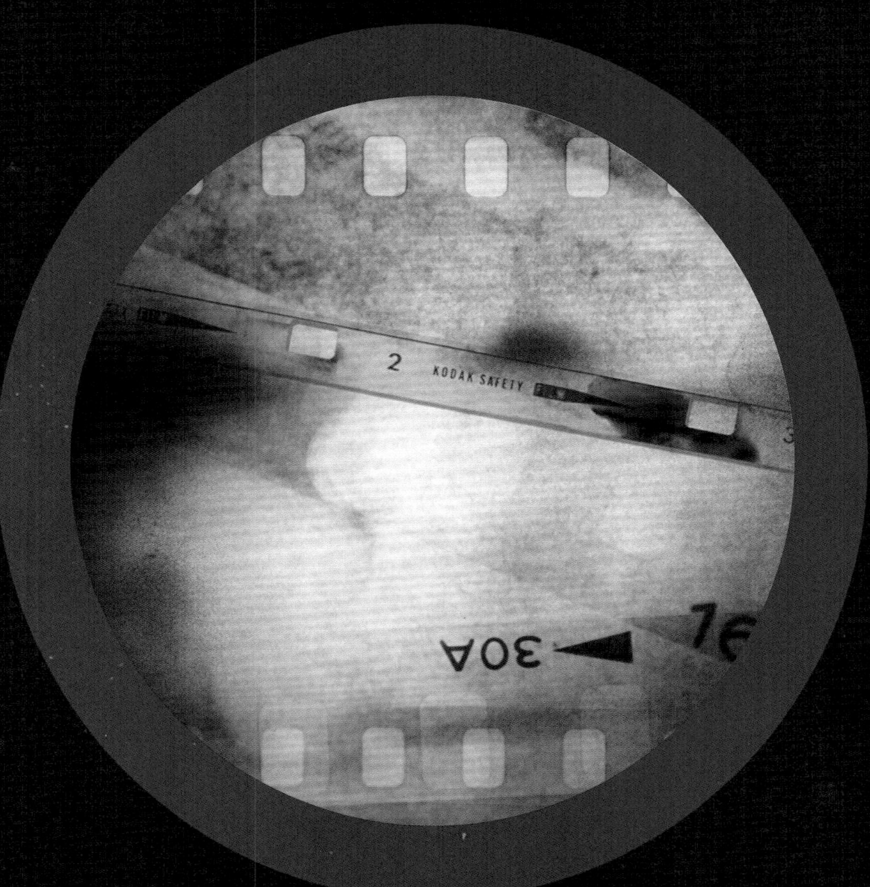

2
KODAK SAFETY
30A

CAN ANYBODY STOP THIS THING?

누가 이걸 좀 멈춰줄래?

'High Speed'

콜드플레이의 탄생부터 세계적인 성공을 거두기까지 20년에 걸친 이야기는 한 편의 동화나 다름없다. 지금부터 네 명의 학생이 유니버시티 칼리지 런던UCL에서 처음 만나 친구가 된 1996년으로 거슬러 올라가보자. 빅 팻 노이지즈와 스타피시를 거쳐 마침내 콜드플레이가 탄생한 시기가 바로 이 무렵이다.

대학교 입학과 밴드 결성

런던 유스턴 지역의 중심부에 위치한 UCL은 콜드플레이 멤버들이 처음 만난 곳이다. 고대 그리스·로마학을 전공하기 위해 데번주에서 런던으로 온 크리스는 대학교에서 다른 멤버들과 만나게 된다. 윌은 인류학을, 조니는 천문학과 수학을 각각 전공하고 있었다. 가이는 엔지니어링을 전공하다 이후 건축학과로 전과했는데, 밴드가 레코드사와 계약을 하자 공부를 그만뒀다.

친구가 된 네 사람은 기숙사인 램지 홀에서 주로 어울렸다. 이때 팀 크럼프턴, 크리스 푸프, 매트 화이트크로스와도 같이 어울렸는데, 그중 화이트크로스는 훗날 밴드의 뮤직비디오를 찍기도 하고 영화감독으로도 데뷔한다. 대학 하키 팀에서 선수로 활동하던 크리스와 윌은 경기장으로 가는 버스 안에서 처음 알게 됐다. 두 사람 모두 기타를 연주해서 쉽게 대화가 오갔다. 머지않아 둘은 몇몇 커버곡을 정해 인근에 있는 코번트 가든에서 버스킹을 했다.

북웨일스의 몰드 출신인 조니는 각 멤버들과 처음 만난 순간을 이렇게 회상했다. "윌과 크리스를 처음 만났을 때가 생각나요. 크리스는 꼬불거리는 긴 머리채를 휘날리며 복도를 뛰어다녔죠. 미친놈인 줄 알았어요. 반면 윌은 아주 점잖았죠."

그들은 대학 첫 해를 기숙사에서 보내며 우정을 키웠고, 자연스레 함께 창작을 할 수 있는 분위기가 형성됐다. 윌은 당시를 이렇게 회상했다. "대학생이 돼서 좋은 점은 시간표를 마

> **❝ 크리스는 꼬불거리는 긴 머리채를 휘날리며 복도를 뛰어다녔죠. 미친놈인 줄 알았어요. ❞**
>
> 조니

오른쪽 크리스, 조니, 윌, 가이의 사진. 멤버들의 친구인 크리스 푸프가 1998년 와이 칼리지 축제 당시 촬영했다.
옆 빅 팻 노이지즈의 데뷔 EP인 Panic의 아트워크.

음대로 짤 수 있다는 거죠. 하루 종일 음악을 연주할 수 있도록 시간표를 짰어요."

"입학하고 첫 주였나? 애들이 모여서 연주를 하더라고요. 특히 크리스랑 잼을 하던 게 생각나요. 실내 계단 근처에 음향 장비가 있었는데 거기 앉아서 기타를 쳤어요. 한번은 제가 계단 제일 아래쪽에 있고 크리스는 5층에 있었어요. 다섯 층을 아우르는 기념비적인 잼이었죠." 윌이 말했다.

네 명의 학생은 기숙사에서 보내는 시간을 효율적으로 사용했다. "기숙사 생활을 하다 보니 자연스럽게 친해졌죠." 가이의 설명이다. "각자 자기 방이 있었고, 아래층에는 바와 당구대가 있었어요. 다들 거기에서 어울렸어요. 맥주잔을 들고 건배하면서 서로 자기소개를 하던 게 기억나네요." 멤버들은 당구를 치고 축구 얘기를 하며 급속도로 친해졌다. "중요한 사실은 우리가 친구가 되고 처음으로 같이 음악을 연주하기까지 1년이 걸렸다는 거예요. 뮤지션으로 만나기 이전에 이미 친한 친구 사이였던 거죠. 그래서 지금까지 가깝게 지낼 수 있나 봐요."

네 명의 관계가 시작부터 순탄하기만 했던 것은 아니다. "가이는 제가 싫었대요. 그런데 제 방에 펜더 로즈 건반이 있다는 걸 안 거예요. 그제야 가이가 관심을 보이더라고요." 크리스가 회상했다.

멤버들이 진지하게 음악을 연주하기 시작한 건 2학년 때부터였다. 합주 장소는 조니와 크리스가 묵던 캠든 로드 268번지

였다.

도시 외곽에서 자주 놀러 오는 친구들이 있었다. 개빈 아헌, '픽스'라는 별명의 제임스 피커링, 존 힐턴, 필 하비였다. 필은 옥스퍼드에서 한 번에 오는 버스를 애용했다.

필은 크리스의 친구들, 즉 미래의 밴드 멤버들을 이렇게 기억한다. '똑똑하고 착하고 친절한 조니', '강인하고 위트 있는 윌', '잘생기고 신비롭고 늘 바쁜 가이'. "크리스는 태양계로 치면 태양 같은 존재였어요. 때마침 나타나서 각각의 행성들을 자신의 중력으로 끌어당겼죠." 필이 말했다.

1997년, 아직 소년티를 벗지 못한 조니, 가이, 크리스는 데모를 만들기로 결심했다. 하지만 드러머는 아직 공석이었다. 이 시기에 그들은 빅 팻 노이지즈라는, 수명이 매우 짧았던 밴드명을 갖고 있었다.

드러머의 합류

윌은 네 멤버 중 마지막으로 합류했다. 조니, 크리스, 가이는 윌의 합류 후 연습을 할 때 비로소 밴드가 완성됐음을 느꼈다고 한다. 그런데 윌은 10대에 드럼을 쳐본 경험은 있었지만 사실 드러머라고 하기에는 애매했다. 크리스에게 드러머를 찾는다는 말을 듣고 윌은 자신의 룸메이트를 소개했다. "이 친구들이 우리 집에 찾아왔어요. 제가 드럼 키트가 있는 친구랑 같이 살고 있었거든요." 윌은 회상했다. "그 친구는 드럼을 잘 쳤어요. 그런데 그날 집에 없었죠. 아마 술집에 있었을 거

예요. 그래서 제가 한번 해보겠다고 한 거죠." 첫 박을 치자마자 밴드에 뽑혔다고 한다. "룸메이트 대신에 한 소절을 쳤어요. 느려터진 데다가 기술적으로도 서툴렀죠. 그런데 중요한 건 케미잖아요? 그날 녹음을 했고, 자연스럽게 시작됐던 거 같아요. EP에 있던 곡 중에 하나를 쳤는데 다음 해 초에 밴드에 들어오겠냐고 묻더라고요. 바로 그러겠다고 했죠. 전 밴드에 들어가고 싶어서 혈안이 돼 있었어요. 들어갈 수만 있다면 카주라도 불었을 거예요. 조니 방에서 크리스가 연주한 조용한 곡들이 생각나요. 정말 좋다고 생각했죠."

1998년 1월, '콜드플레이' 멤버들은 처음으로 합주를 했다. 조니는 그날을 생생히 기억한다. "크리스랑 저랑 같이 사는 캠든의 아파트였어요. 크리스, 가이와 함께 셋이서 윌이 오길 기다리고 있었죠. 윌이 몇 년 동안 드럼을 안 쳐봤다는 얘길 듣고 다들 걱정했어요. 그런데 무심하게 걸어 들어오더니 자신감 넘치게 치더라고요. 비로소 밴드가 완성됐구나 싶었어요."

1997년 11월 26일자, Panic EP 표지에 가위로 오린 윌의 컬러 사진이 붙여졌다. 크리스, 조니, 가이는 흑백 사진이었다. 밴드는 음반 한 장을 《NME》 언사인드 쇼케이스에 제출했다. 그 대회의 우승 팀은 울트라사운드였다.

첫 공연

한때 밴드는 트롬벨리즈Trombelese라는 이름을 사용했다. 갈라의 'Freed From Desire'라는 곡 중 '스트롱 빌리프스strong beliefs'라는 가사를 잘못 들었는데, 그걸 가지고 네 명의 멤버들이 말장난을 하다가 만들어진 이름이다. 윌은 자신에게 명

함을 건네준 지역 음반 기획자에게 전화를 걸어 무대에 세워달라고 부탁했다. 기회는 생각보다 일찍 찾아왔다. 급하게 밴드 이름이 필요해지자 멤버들은 물망에 올랐던 것 중 하나를 서둘러 골랐다.

"우리 이름은 불행하게도 스타피시였어요." 윌은 당시를 회상했다. "그 이름에 관해서는 별로 할 말이 없네요. 이름을 바꿔서 참 다행이라고 생각해요!"

1998년 1월 16일, 캠든에 있는 로렐 트리 펍(크리스와 조니가 살고 있던 아파트에서 엎어지면 코 닿을 거리) 2층에서 첫 공연을 했다. 공연의 제목은 '젤리베이비스'였다. 윌과 조니는 최대한 많은 친구들이 올 수 있게 대학교 컴퓨터실에서 디자인한 전단지 100장을 인쇄해서 뿌렸다. 기숙사 생활을 함께한 멤버들의 친구 크리스 푸프는 그날을 이렇게 회상했다. "장소도 음향도 엉망이었죠. 관객은 대부분 친구들이었는데, 아래층은 발 디딜 틈도 없이 꽉 차 있었어요. 안에 못 들어오고 밖에서 구경하는 사람들도 많았죠. 2층에 있는 공연장에 올라가려고 길거리까지 줄을 서 있었어요. 스타피시의 패션 감각은 별로였지만 그날 연주했던 여섯 곡은 이미 잘 아는 곡처럼 친숙했어요. 깊이가 느껴졌고, 개성도 있었고, 진보적이었죠."

스타피시의 세트리스트는 'If All Else Fails', 'So Sad'(두 번 연주됨), 'Panic', 'Vitamins', 'High Speed', 'Ode to Deodorant'로 구성되어 있었다. 밴드는 여섯 곡을 연주하고 멤버당 40파운드를 지급받았다.

"'Panic(후에 'Don't Panic'으로 발전됨)'은 저에게 아주 특별한 곡이에요." 윌이 말했다. "제가 밴드와 처음 합주한 곡이거든요. 이름이 스타피시로 정해지기 전이었죠." 오리지널 버전을 들으면 'Don't Panic'과 같은 곡이라고 알아차리기 힘들다. 가사의 일부만 비슷하기 때문이다.

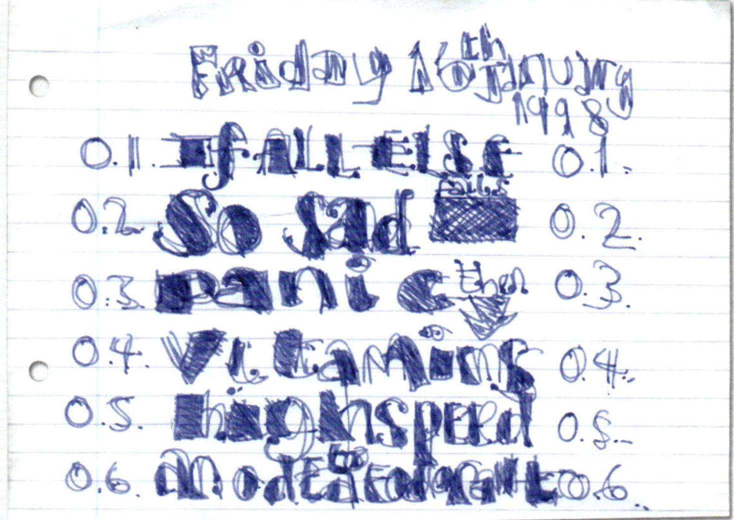

위　밴드가 스타피시라는 이름을 쓸 당시, 캠든에 있는 로렐 트리 공연장 아래층.　　**아래**　1998년. 초창기 공연.

콜드플레이라는 이름

밴드의 이름이 최종적으로 정해진 건 절친한 친구이자 UCL 동문인 팀 크럼프턴의 영향이 컸다. 팀은 옛 동창들을 모아서 자신의 밴드(이후 베티나 모티브Bettina Motive로 불림)를 결성하려는 중이었다. 이삿짐 트럭이 예정보다 늦게 와서 기다리고 있던 차에, 그는 당시 관심을 가졌던 책인 필립 호키의 『Child's Reflections, Cold Play』에서 이름을 따올까 고민 중이었다. 팀은 여러 개의 밴드명을 생각해냈는데, 그중 '콜드플레이'는 곧바로 동료들에게 퇴짜를 맞았다. 그러자 스타피시는 기분 좋게 그 이름을 가져다 썼다.

오른쪽 필립 호키의 책, 『Child's Reflections, Cold Play』 표지.

필도 공연장에 있었다. "사람이 아주 많았어요. 저는 친구 자격으로 참석했죠. 당시 저는 대학생이었는데 시험이랑 공연 날짜가 겹친 거예요. 런던에 가는 버스를 타야 해서 시험지를 일찍 내고 나왔죠. 공연을 너무 보고 싶었거든요. 다들 긴장했어요. 그날 크리스의 흐느적거리는 무대 매너는 평소보다 훨씬 심했어요. 자기 비하적인 멘트를 많이 했죠. 깊은 인상을 받았어요. 그 순간부터 저는 제가 밴드에 개입되고 있다고 느꼈거든요."

네 명의 멤버는 음악에 대한 열정을 함께했다. 밴드가 막 결성되던 이 시기부터 그들은 최고가 되는 것을 목표로 했다. 멤버들은 밴드의 목표를 종이에 적어서 조니와 크리스가 사는 아파트 벽에 붙였다. "우리는 아주 계산적으로 목표를 세웠어요." 가이가 회상했다. "오만하기 짝이 없는 목표가 1부터 10까지 있었죠. 10번은 '음반 계약 따내기'였어요. 리스트를 한 항목씩 순차적으로 체크해나갔죠."

2005년에 조니는 그 리스트를 다시 꺼내서 봤다. "우리 목표는 다섯 번의 공연 안에 계약을 따내는 거였어요. 그 정도 기간이면 될 줄 알았죠. 그런데 열 번째 공연이었나, 계약 제의가 들어왔어요. 그래도 우리는 단 한 번도 좌절한 적이 없어요." 계약을 따내는 게 실제로 그렇게 쉽다고 생각했던 것인지, 아니면 자신들에 대한 믿음이 확고해서였는지, 조니의 표정에는 전혀 드러나지 않았다.

목표보다 두 배에 달하는 공연을 하고서야 음반 계약을 따냈지만(업계에 내딛는 첫 발이 얼마나 힘든지를 감안하면 실로 놀라운 일이다) 밴드는 결코 좌절하지 않았다.

"우리는 처음부터 제대로 해볼 생각이었어요. 크리스를 처음 본 순간 끝까지 갈 수 있겠다고 생각했죠." 조니가 말했다.

아래 초창기 리허설. 캠든 로드 268번지에서, 가이와 크리스.

콜드플레이로 이름을 바꾼 밴드는 거의 매일 밤 합주를 했다. "화장실, 지하실, 심지어 공원에서도 연주를 했어요." 크리스가 말했다. "연주를 할 수 있는 곳이면 어디든. 가끔은 엘리베이터 안에서도 연주했어요. 이사를 가면서 꿈은 더욱 커졌죠." 대학생 시절, 캠든의 아파트에 있던 소파는 너무 낡아서 스프링이 밖으로 튀어나올 정도였다. 윌은 그 소파에 앉아 드럼을 치곤 했는데, 일어설 때마다 바지가 스프링에 걸려 찢어졌다고 한다.

동네 클럽에서 성장해나가던 밴드는 음반 기획자의 필요성을 느꼈고, 곧 필에게 자문을 구했다.

"그때 저는 사전에서 라틴어와 그리스어 단어를 찾으면서 지루한 시기를 보내고 있었죠." 필이 회상했다. "동네 클럽에서 주 2회 정도 일했어요. 학생 밴드를 섭외하고 공연을 준비하는 일을 했죠. 아주 단순한 일이었지만 장소와 밴드를 섭외하는 방법을 배웠어요. 큰 액수는 아니었지만 돈을 버는 방법도 조금씩 익혔죠."

"하루는 크리스가 와서 캠든의 지역 음반 기획자들한테 돈을 한푼도 못 받았다는 얘기를 했어요." 필이 말했다. "그래서 우리가 직접 공연을 기획하자고 했죠. 딩월스라는 공연장을 예약하고 전단지를 수천 장 뽑았어요. 공연을 보러 400명 정도가 왔던 것 같아요. 엄청 많이 온 거죠. 그날 밤에 번 돈으로 아버지랑 옥스퍼드 룸메이트한테 빌린 돈을 갚았던 거 같아요. Safety EP를 만들려고 돈을 빌렸거든요. 첫 50장이 그날 팔렸어요. 그러니까 제가 공식적인 매니저가 된 건 바로 그때였죠." 당시 필은 콜드플레이가 다시는 캠든에서 공연할 일이 없을 거라 으름장을 놓고 다녔다고 한다.

SAFETY EP

Safety EP는 1998년 2월 1일에서 2일까지 이틀에 걸쳐 토트넘의 싱크 시티 스튜디오에서 녹음했다. 프로듀서는 니키 로세티였고, 녹음, 프레싱, 표지 제작(크리스의 사진은 팀 크럼프턴의 친구인 미대생 존 힐턴이 촬영했다)을 합쳐서 1,500파운드를 스튜디오 측에 지불했다.

로세티는 제작에 들어가기 전 멤버들에게 무엇을 추구하는지 물어봤다. 밴드는 과할 정도로 많은 곡을 녹음하고 싶어 했다. 로세티는 회상했다. "대관 시간이 다 되어가니까 많이 서두르던 게 생각나네요. 특히 크리스는 최대한 많은 곡을 녹음하고 싶어서 혈안이 돼 있었어요."

크리스 혼자 노래하고 어쿠스틱 기타를 연주하는 버전의 'Vitamins'를 녹음하자는 의견은 첫날 작업 막바지에 튀어나왔다. 밴드는 이틀에 걸쳐 8곡을 녹음했다. "한 곡당 한 테이크만 가도 됐었어요. 이 친구들은 그 정도로 준비가 돼 있었죠." 로세티가 말했다.

필은 데모를 처음 들었던 순간을 또렷하게 기억하고 있다. "일요일 저녁에 크리스와 조니의 아파트에서 믹싱이 안 된 음

왼쪽 크리스가 손으로 쓴 밴드의 목표. 캠든 로드 268번지 거실 벽에 붙어 있었다.
오른쪽 초창기 데모 트랙 리스트.

악을 들었죠. 마지막 트랙인 'Such a Rush'까지 다 듣고 친구들한테 말도 안 되는 소릴 했어요. '이 테이프를 들고 런던에 있는 아무 음반사나 찾아가도 원하는 걸 다 들어줄 것 같아.' 사실 음반사가 뭐 하는 곳인지도 잘 몰랐죠. 우리가 뭘 요구해야 하는지도 몰랐고요. 하지만 그렇게 생각하는 게 옳았던 거 같아요. 음악에 모든 걸 건 상태였고, 그런 마음가짐이 있어서 버틸 수 있었던 거죠."

1998년 2월 22일 일요일, 밴드는 런던의 더블린 캐슬에서 공연을 했다. 콜드플레이의 순서는 마지막이었다. 중간에 무대에 서는 밴드에게 드럼 키트를 빌려야 했기 때문이다. 그런데 드럼을 빌려주기로 한 밴드는 시간이 초과되는 바람에 준비한 곡을 다 연주하지 못했고, 저항의 의미로 드럼 키트를 챙겨서 철수해버렸다. 콜드플레이가 무대에 올랐을 때 남은 거라곤 스네어와 하이햇뿐이었다. 윌은 하는 수 없이 즉흥 연주를 해야만 했다. 이날 공연의 음향 책임자는 댄 그린이었는데 이들은 훗날 다시 만나게 된다.

밴드 킨Keane에서 곡을 쓰고 키보드를 연주하는 팀 라이스 옥슬리는 콜드플레이 멤버들과 UCL 동문이자 친구다. 데뷔한 지 두 달이 지난 3월 14일, 콜드플레이는 로렐 트리에서 공연을 했다. 옥슬리는 그날을 이렇게 회상했다. "대단히 능숙했죠. 연습을 많이 한 게 느껴졌어요. 곡들도 아주 좋았고요. 커버곡인 'You Only Live Twice'는 원곡에 대한 조소가 담긴 것 같던데…… 어쨌든 크리스는 자기 식으로 소화하는 법을 그때부터 알았던 거 같아요."

1998년 3월 9일 일요일, 필은 Safety EP 500장이 들어 있는 상자를 자신의 집으로 운반했다(현재 그 음반은 제작 단가보다

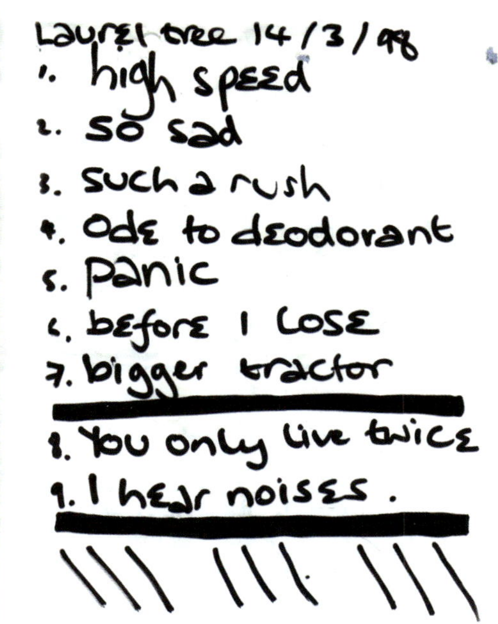

위　1998년 2월 22일, 더블린 캐슬에서 있었던 밴드의 공연 전단지.
왼쪽　1998년, 로렐 트리에서 있었던 두 번째 공연 당시 세트리스트.
옆　Safety EP의 표지 앞뒷면. 멤버들의 친구인 존 힐턴이 촬영했다.

비싸게 팔리고 있다). 그는 최초로 옥스퍼드 기숙사 친구에게 3파운드에 한 장을 팔았다. 그리고 몇 장은 가족, 친구들, 몇몇 음악 관계자에게 나누어주었으며, 나머지는 공연장에서 판매했다. "350장은 다양한 음악 관계자들 손에 들어갔을 거예요. 150장 정도만 순수 소비자들이 사갔죠." 필의 증언이다.

필은 음악 시장이 돌아가는 동향을 알기 위해 《뮤직 위크》라는 소식지를 챙겨 읽었다. "《뮤직 위크》를 읽어야 진정한 밴드 매니저라고 할 수 있죠." 그가 말했다.

필은 정기적으로 레코드 회사의 A&R(Artist and Repertoire의 약자로, 레코드 회사에서 아티스트를 발굴하고 레퍼토리를 키운다-옮긴이)들에게 전화를 돌렸다. 그는 A&R 이름들이 적힌 수첩을 갖고 있었는데, 레이블의 소속 아티스트가 누구인지에 따라 세 항목으로 분류되어 있었다.

그렇게 체계적으로 일했지만 필에게 답을 주는 레코드 회사는 없었다. 그가 전화를 걸어도 반대편에서는 아예 듣지 않거나, 대놓고 싫다고 했다.

1998년 여름, 밴드는 꾸준히 공연 일정을 소화했다. 그중 체리 킨(Cherry Keane. 이후 이름을 킨Keane으로 줄여서 사용)과 함께한 공연도 있었다. 당시 체리 킨의 매니저인 애덤 터드호프는 그해 여름 공연을 이렇게 회상했다. "거트리지스 야드에서 했던 공연은 기가 막혔죠. 제가 허세가 좀 있어서 공연 제목

Coldplay
SAFETY e.p.

Coldplay

BIGGER STRONGER
NO MORE KEEPING MY. FEET ON THE GROUND
SUCH A RUSH

All songs written by Coldplay
Produced by Coldplay & Nikki Rosetti
Engineered by Nikki Rosetti
Recorded at Sync City Studios
Management: Phil Harvey
Photography by John Hilton
Sleeve design by Kut & Payste Studios, London

© Coldplay 1998
℗ Coldplay 1998
For further information on Coldplay, contact Phil on 0777 55 24 245 or 0171 267 5547

죠. 전 실망이 컸어요. 그러니까 제가 킨을 배신할 수 없어서 콜드플레이에 안 들어갔다는 소문은 슬프지만 잘못된 거예요! 애초에 인터뷰에서 그 얘기를 꺼낸 제 잘못이죠!"

인 더 시티

크리스와 조니가 청소 아르바이트를 하며 만든 Safety EP는 음반으로서 맡은 바 소임을 다했다. 밴드가 맨체스터에서 열리는 음악 축제인 인 더 시티ITC에서 러브콜을 받은 것이다. 필은 회상했다. "제의를 받고 진짜 놀랐어요. 믿기지 않았죠. 정말 다행이었어요. 그 무렵 '내가 잘하고 있는 건가', 스스로 의심하고 있었거든요. 매니저로 같이 일한 지 4개월이 됐는데 음반 관계자들이 공연을 보러 오지 않아서 제 자신이 무능력하다고 느끼고 있었어요. ITC에서 연락이 와서 마음이 놓였죠." 인 더 시티는 일 년에 한 번씩 열리는 공연 축제로 사흘 동안 도시 내 여섯 개 지역에서 치러진다. 따라서 스카우트 담당들은 음반사와 계약하지 않은 밴드 중 무대에 세울 54개의 밴드를 찾아 바쁘게 돌아다닌다. 콜드플레이에 앞서 오아시스, 플라시보, 쿨라 셰이커가 이 축제에 참여해 업계의 주목을 받았다. 크리스는 콜드플레이의 공연 날인 1998년 9월 14일의 일을

을 '오카지야'라고 지었어요. 나보코프의 단편에서 따온 거예요. 하루는 킨이 헤드라인을 맡고 콜드플레이가 받쳐줬죠. 그 다음 날은 역할을 바꿔서 했어요. 관객은 많지 않았지만 아주 열정적이었어요."

팀 라이스 옥슬리는 당시 공연을 이렇게 회상했다. "크리스가 첫날 우리더러 메인을 하라고 권했어요. 그러더니 두 번째 날엔 공연 도중에 바지를 벗어서 시선을 강탈하더라고요. 속옷은 유니언 잭이 들어간 사각 팬티였어요."

킨의 초창기 공연에서 있었던 일화다. 밴드가 공연을 하려고 캠든의 더블린 캐슬 무대에 올랐는데 관객이 한 명도 없었다. 그때 크리스가 홀로 나타나 작은 배낭을 멘 채 바닥에 앉아 공연을 관람했다. "크리스는 그렇게 따뜻한 친구였어요." 라이스 옥슬리가 말했다. "우리의 초창기 공연에 많이 왔죠. 자기들이 12 바 클럽에서 공연할 때 우리를 소개해주기도 했죠. 크리스는 항상 배려심이 있었고, 동시에 경쟁심도 강했죠. 그런 면들이 그와 밴드에 긍정적으로 작용한 거 같아요."

토트넘의 코트 로드에서 있었던 초창기 공연 당시, 크리스는 라이스 옥슬리에게 키보드 주자로 밴드에 들어올 생각이 없는지 물어봤다.

"그러고 싶다고 말했어요." 라이스 옥슬리가 이어서 말했다. "그러고 몇 주 후에 다시 대화를 했는데 다른 멤버들이 새 멤버 영입을 반대했다는 거예요. 그래서 그 아이디어는 무산됐

위 Safety EP 녹음 당시 사용된 믹싱 데스크.
아래 왼쪽 밴드가 콜드플레이라는 이름으로 활동한 초창기 공연 사진. 장소는 거트리지스 야드.
아래 오른쪽 콜드플레이와 체리 킨(이후 킨으로 개명)의 공연 전단지.

위, 아래   존 힐턴이 찍은 조니와 크리스. 두 사람의 집인 동시에 합주 장소였던 캠든 로드의 아파트에서.

위 1998년 무렵의 초창기 공연.
아래 왼쪽 1998년 무렵, 런던의 공연장에서 조니가 기타 페달을 세팅하고 있다.
아래 오른쪽 1998년. 12 바 클럽의 공연 전단지.

회상했다. "명단에 50개의 밴드가 있었는데 1번이 뮤즈였고 2번이 엘보였어요. 콜드플레이는 50번이었죠. 농담이 아니에요. 우리가 마지막으로 영입된 밴드였어요."

뮤즈와 엘보가 콜드플레이보다 먼저 채택된 건 맞지만 인 더 시티 주최 측에서 참여한 밴드에 순위를 매긴 것은 아니다.

공연 당일, 밴드는 런던에서 맨체스터로 떠났다. 하지만 시작부터 순탄하지 않았다. 조니가 기타 페달을 두고 온 것이다. 다행히도 크리스 어머니의 친구 중에 화물 트럭 기사가 있었는데, 밴드는 그 차를 얻어 타고 최대한 갈 수 있는 데까지 갔다. 그사이에 필과 크리스 푸프는 페달을 가지러 70마일 거리를 왕복해야 했다. 밴드가 호텔에 묵은 건 이때가 처음이었는데 모두 같은 방에서 잤다. 호텔에 묵은 것은 그들에게 큰 사건이었다.

그리고 끔찍한 시간이 그들을 기다리고 있었다. 콜드플레이는 8시 15분에 무대에 올랐다. 장소는 맨체스터 북부에서도 힙스터들이 모이는 지역에 있는 쿠바 카페라는 곳이었다.

크리스는 공연 의상으로 코듀로이 바지에 티셔츠를 입고, 그 위에 양모 민소매 상의를 입었다. "첫 곡을 할 땐 주로 점퍼를 입고 있어요. 중간에 벗을 수 있으니까요." 그의 증언이다. "공연 도중에 옷을 한 벌 벗는 건 아주 중요해요."

크리스는 부스스한 긴 곱슬머리에, 치아 교정기를 낀 상태였다. 멤버들 모두 학생인 게 바로 느껴지는 외양이었다. "그날 밤 크리스가 저보고 기타를 몇 대 조율해놓으라고 그랬어요." 크리스 푸프가 말했다. "제일 귀찮은 일이었죠. 변칙 튜닝을 즐겨 써서 기타마다 조율을 다르게 했으니까요. 저는 필과 함께 관객들이랑 있었어요. 분위기를 좀 띄우려고요. 그런데 그날 관객이 10명밖에 안 됐어요. 공연이 끝나고 호텔방에 왔을 때 분위기가 어두웠죠."

필이 말했다. "우리는 많이 기대했어요. 그 공연으로 인생이 바뀔 줄 알았거든요. 그런데 관객이 4명밖에 없더라고요."

그런데 멤버들은 10명의 관객 중 훗날 밴드의 든든한 지지자가 되어줄 관객 1명이 있다는 사실을 알지 못했다. A&R로 일하고 있던 영국 북부 출신의 뎁스 와일드는 콜드플레이가 무대에 선 순간, 그들의 무궁무진한 잠재력을 보았다고 한다.

"콜드플레이는 상업적인 어필을 하는 팀이 아니라서 제 레이더에 들어오지 않았죠. 그래서 꼭 직접 봐야겠다고 생각했었어요. 그런데 공연을 보고 깜짝 놀랐어요. 뭔가 특별하다는 걸 알아챘죠. 전 거기서 꼼짝도 안 하고 공연을 다 봤어요. 공연이 끝나고 다음 공연장으로 가야 해서 문을 향해 달려갔어요. 밴드 매니저가 출구 옆에 있는 게시판에 명함을 핀으로 꽂아놨더라고요. 잽싸게 하나를 집었죠. '필 하비. 위버비치 프로모션'이라고 적혀 있었어요. 런던으로 돌아올 때까지 꺼내지 않았지만 마음 같아서는 바로 그 자리에서 전화하고 싶

위 존 힐턴이 찍은 사진의 밀착 인화지. 1998년 런던 바플라이 클럽에서 크리스와 조니. **아래** 인 더 시티 공연 당시 각종 음반사를 대표해서 온 A&R들을 위한 가이드.

> **66** 토빌과 딘(영국의 피겨 콤비 - 옮긴이), 로럴과 하디(20세기 초에 활동한 코미디언 콤비 - 옮긴이)처럼 팀워크가 잘 맞는 사람들은 정말 보기 드물죠. 한 명이 없으면 나머지 한 명은 제 기능을 못할 거예요. 그런 맥락에서 우리에게 필 하비는 큰 행운이에요. 필은 학교 친구에서 우리 매니저가 됐어요. 필은 시들어가는 꽃에게 물 같은 존재고, 아직 구워지지 않은 케이크에겐 오븐 같은 존재죠. 필은 마법 같은, 특별한 존재예요. **99**
>
> 크리스

었어요."

"일이 잘 풀릴 것이라고 처음 느낀 순간, 음반 계약을 따낼 수 있다고 확신한 순간, 우리 인생이 바뀔 거라고 느낀 순간이 언제냐고 묻는다면 ITC 공연 이틀 후라고 대답하겠어요." 필은 이렇게 회상했다. "저는 조니와 크리스네 집 복도에서 자고 있었어요. 침낭 속에 틀어박혀 있었죠. 정오 즈음이었어요. 전날 밤을 새워서 늦잠을 자다가, 뎁스의 전화에 깼어요. 믿을 수가 없었어요. 그 순간 우리는 어떤 문을 통과해서 다른 차원으로 이동한 거죠." 필이 계속 말했다. "도미노의 첫 조각이 쓰러진 셈이죠. 정말 신났어요. 우린 뎁스한테 큰 빚을 졌어요. 뎁스가 없었으면 콜드플레이도 없었을 거예요." 필은 밴드의 운명이 바뀐 순간을 회상하며 덧붙였다.

뎁스 와일드는 자신의 측근인 캐럴라인 엘러레이에게 EP를 전달했다. 본인의 발견에 대한 객관적인 평을 듣고 싶어서였다. 엘러레이는 BMG(현 유니버설) 퍼블리싱에서 근무하고 있었다.

"처음에는 듣지 않았어요." 엘러레이가 말했다. "뎁스가 하도 보채서 들었는데, 심장이 벌렁거렸어요. 눈이 따끔거리고 목소리가 잠겨버렸죠. 저는 기억에 대한 설명을 정말 못해요. 그런데 간혹 아주 선명하게, 사진처럼, 혹은 영화의 한 장면처럼 기억에 남는 순간들이 있어요. 어쩌면 그 순간 내 인생에 완벽

하게 어울리는 사운드트랙을 들었기 때문인지도 모르겠어요." 밴드는 싱크 스튜디오로 돌아가서 니키 로세티와 함께 두 곡이 담긴 데모 한 장을 더 녹음했다. 수록곡은 'Brothers & Sisters'와 'Ode to Deodorant'였다. 후자의 경우 멤버들은 큰 기대가 없었다. "수명이 짧은 펑키 넘버라고 생각해요." 가이가 말했다. 크리스는 그저 '쓰레기'라고만 설명했다.

카이로 잭스에서

밴드가 어느 정도 성장하자 법정대리인이 필요하다는 의견이 나왔다. 와일드는 러셀즈 법률 사무소 소속의 개빈 모드를 추천했다. 개빈은 현재까지 콜드플레이 변호인으로 활동 중이

오른쪽 인 더 시티 공연 이후 필 하비가 뎁스 와일드에게 보낸 엽서(Safety EP와 동봉).
아래 필의 명함. 인 더 시티 공연 당시 '쿠바 카페'에 두고 갔다.

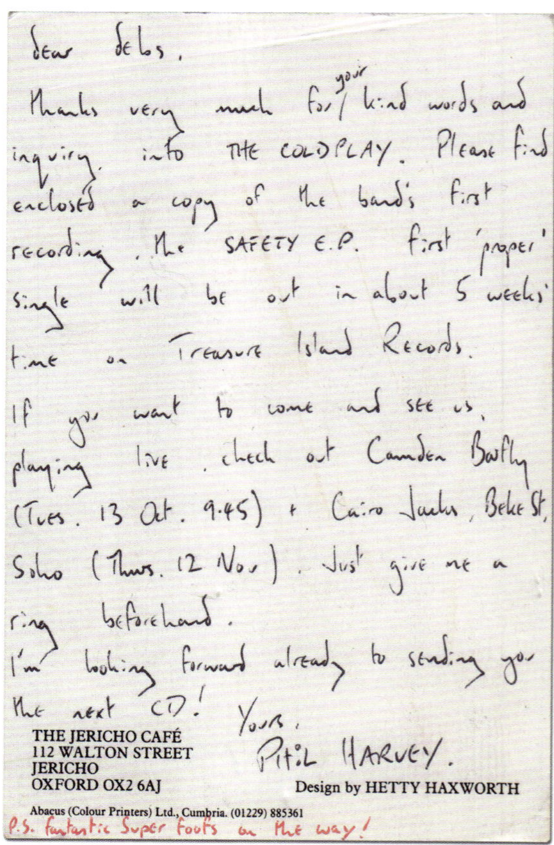

다. 그는 즉시 필과 만났다. "토요일 아침, 캠든에 있는 바톡이라는 바에서 만났죠." 모드가 말했다. "치아에 철도 같은 교정기를 한 지 얼마 안 됐을 때여서 남의 시선을 많이 의식했어요. 그런데 필이 보컬하는 친구가 이제 막 교정기를 뗐다고 얘기해줬어요. 그래서 공통점이 하나 있다고 생각했죠. 필에게서 Safety EP를 받았고, 거기에 제가 그의 전화번호를 적었어요. 아직도 그 앨범을 갖고 있어요."

모드의 말은 계속됐다. "멤버들이 찾아왔고, 거의 곧바로 저를 고용했어요. 제가 다음 목표를 제안했죠. 제 고객이기도 한 인디 레이블 피어스 판다와 계약을 맺자고요. 현실적으로 그렇게 어렵지 않은 목표였죠. 거기에서 언론과 라디오 홍보를 보장해주는 EP를 발매하자고 했어요. Safety EP는 홍보가 안 됐거든요. 솔직히 피어스 판다 쪽에서 이 밴드의 음악을 좋아할지 확신은 없었어요. 인디 느낌이 약했거든요. 일단 물어보겠다고 했어요. 그런데 놀랍게도 피어스 판다의 공동 창립자가 흔쾌히 수락했죠."

필이 보이지 않는 곳에서 열심히 일하는 동안 밴드는 바플라이에서 있을 다음 공연 준비에 집중했다. 바플라이는 캠든의 팔콘 펍 안에 있는 공연장으로, 런던의 수많은 신진 밴드들이 걸음마를 떼는 곳이다.

1998년 10월 12일에 뮤즈가 바플라이에서 첫 무대를 선보였고, 콜드플레이는 그 다음 날 데뷔했다. "성향도 다양하고 장착한 무기도 각기 다른 밴드들이 겸허하게 무대에 올라가서는, 수많은 사람들의 음악적 팔레트를 색칠하는 모습을 보게 됩니다." 바플라이의 공동창립자인 비 로조는 이렇게 회상했다. "그런데 이 밴드는 입소문이나 큰 홍보 없이 스스로 도약

했어요."

콜드플레이는 가는 공연장마다 팬들을 몰고 다녔기 때문에 시작부터 음반 기획자들이 탐내는 밴드였다. 1998년 11월 12일 목요일, 밴드는 이집트 테마로 꾸민 소호의 카이로 잭스라는 공연장에 두 번째로 오른다. 예상대로 팬들이 벌떼처럼 모여들었다. 이번에는 몇몇 음악 관계자들도 공연을 보러 왔다.

공연에 앞서 조니, 크리스, 윌, 가이는 모드와 만나 일에 대한 이야기를 나눴다. "밴드가 음반 계약을 처음 제안받은 건 1998년 11월 10일이었어요. TVT에서 들어온 제안이었는데 10만 단위의 파운드를 선불로 주겠다는 조건이었어요. 캠든에서 궁색하게 사는 대학 졸업반 학생들에겐 큰 액수였죠. 크리스는 미팅 자리에 플라스틱 장난감을 잔뜩 사가지고 들고 갔어요. 카이로 잭스 공연에서 팬들(대학 친구들)에게 무료로 나눠줄 선물이라고 설명했죠." 모드가 말했다.

"경품으로 주려고 장난감 기차 세트도 샀어요. 그런데 조니가 12파운드나 하는 거라 안 된다고 말렸어요!" 크리스가 설명했다.

모드는 멤버들에게 TVT에서 제안한 것보다 더 좋은 조건의 계약을 기다리는 게 어떻겠냐고 물었다. TVT 건은 액수가 클 뿐만 아니라 그때까지 들어온 유일한 제안이었다.

오른쪽 1998년, 런던, 카이로 잭스에서 열린 콜드플레이 콘서트 전단지.
아래 1998년, 와이 칼리지 축제에 간 크리스, 조니, 가이, 크리스 푸프.

양쪽 멤버들의 친구인 미대생 존 힐턴은 런던에서의 초창기 공연 사진을 많이 촬영했다. 그 사진들이 포함된 포트폴리오를 제출해서 디자이너로서 일감을 종종 따냈다고 한다.

barfly
club
(entrance on wilmot place)
@the falcon
* 234 royal college st *camden nw1
presents:
THE FANTASTIC SUPER FOOFS
& COLDPLAY
date:
Monday 07-Dec-98
onstage at:
9.00 PM
doors at: 7.30pm
£3.50 with this flyer

뎁스 와일드와 캐럴라인 엘러레이는 당시 팔로폰사의 A&R 이었던 댄 킬링과 함께 카이로 잭스를 찾았다. 크리스는 무대에서 관객들에게 초콜릿 바를 나눠주고 있었다. 그런 모습을 봐서인지 킬링은 모드에게 "학예회" 같다며 돌아가겠다고 말했다. 킬링이 보기에 밴드는 썩 나쁘지 않았고, 크리스의 무대 장악력도 인상적이었다. 하지만 프로라고 하기에는 아직 음악적으로 부족하다는 견해였다.

"회의를 할 때마다 팔로폰이 언급됐죠. 라디오헤드와 비틀즈의 고향이잖아요." 모드는 이렇게 회상했다. "결국 제가 팔로폰은 포기하라고 말했어요. 우리한테 관심도 없을 거라고."

BMG의 본부장인 이안 래미지는 밴드와 계약을 추진하자는 엘러레이의 의견을 지지했다. 단 저작권 계약에 한해서였다. "음반 제작보다 퍼블리싱 계약을 하는 게 이점이 더 많죠." 래미지는 말했다. "중요한 건 곡을 쓰는 재능이에요. 그리고 그걸 대중들에게 전달하려면 동지애가 필요하죠. 그 두 가지가 없으면 아무것도 안 돼요."

이제는 날아오를 때

1998년, 록 음악 전문 주간지인 《NME》의 기자 출신인 사이먼 윌리엄스는 자신의 인디 레이블인 피어스 판다에서 세계적인 규모의 계약을 성사하고자 총력을 기울였다. "1998년 말에 개빈의 초대로 콜드플레이의 공연을 보러 팔콘 펍에 갔

어요." 윌리엄스가 말했다. "딱 한 번 보고 알 수 있었죠." 두 번째 곡이 끝나는 순간 그는 밴드의 싱글을 제작하고 싶어졌다.

1998년 12월 7일, 콜드플레이는 팔콘 펍의 바플라이 무대에 다시 섰다. 이때는 더 많은 음악 관련 종사자들이 공연장을 찾았다.

BBC 라디오 1의 DJ 스티브 라마크는 이렇게 회상했다. "내 친한 친구인 피어스 판다 대표 사이먼 윌리엄스가 콜드플레이를 들어봤냐고 물었어요. '못 들어봤다, 좋냐?'라고 물어봤더니 공연장에 가서 볼 만한 가치가 있다고 하더라고요. 그래서 내 친구 마크를 데리고 팔콘으로 달려갔죠. 솔직히 그런 순간은 흔치 않아요. 콜드플레이가 40명 앞에서 연주를 하는데 입이 안 다물어지는 거예요. 관객 다수가 가사를 다 외우고 있는 걸로 봐서 밴드 멤버들의 친구들 같았어요. 공연이 끝나고 친구와 나는 서로 멀뚱히 바라만 봤죠. 한참 후에 마크가 입을 열었어요. '미안한데, 지금 본 게 최근 몇 달 동안 본 것 중 최고인 거 같거든. 혹시 내가 잘못 본 거야?' 다음 날 내가 그 밴드를 잡으러 가자고 말했죠."

1999년 1월 3일, 라마크의 라디오 프로그램 이브닝 세션에 최초로 음반사와 계약하지 않은 밴드가 출연해 전국으로 퍼지는 전파를 탔다. 콜드플레이와 필로서는 꿈만 같은 일이었다. 큰 사건들이 터질 조짐이 보였다.

멤버들은 영향력 있는 인물이 아군이 되어 자신들의 곡을 틀어주자 기쁨을 주체할 수 없었다. "저는 라마크를 사랑해요." 크리스가 말했다. "정말 사랑스런 친구죠. 아직 홍보가 제대로 되지 않은 무언가를 발견하고 좋아한다는 건 결코 쉬운 게 아니죠. 정말 멋져요."

《NME》는 '1999년에 주목해야 할 이들'을 소개하는 기사로 1998년을 마무리했다. 그중에는 콜드플레이도 있었다. 크리스 마틴은 그 순간을 절대로 잊을 수 없다고 한다. "1998년 크리스마스였는데 부모님 집 화장실에 있었어요. 《NME》를 펼치자 1999년에 주목할 밴드를 소개하는 기사가 있었어요. 인 더 시티에서 알게 된 밴드도 있으려나, 하고 읽어봤어요. 뮤즈, 엘보, 벨라트릭스, 게이 대드…… 콜드플레이! 이건 뭐지? 진짜 이런 일이 있을 수도 있구나, 생각하면서 거의 기절할 뻔했어요. 그 순간이 너무나 강렬하게 남아 있기 때문에, 사이먼 윌리엄스한테 평생 빚을 졌다고 느껴요."

기사에는 이렇게 적혀 있었다. "청중의 넋을 빼놓는 제프 버클리 풍의 훈훈한 4인조. 서사시와도 같은 후렴과 고독한 절규는 이미 경지에 올랐다고 해도 과언이 아니다. 이외에도 보컬의 위트 있는 무대 매너 등 장점이 많다. 작년에 자신들의

옆 존 힐턴이 작업한 밀착 인화지. 바플라이 공연 사진이 담겨 있다. 오른쪽 아래는 해당 공연의 전단지. 1998년.
위 버밍엄의 로니 스코츠에서 있었던 공연의 전단지.

레이블에서 제작한 'Bigger Stronger'로 데뷔했다. 내년 크리스마스에는 초기 음반 값이 엄청나게 뛸 것으로 예상된다." 도미노 조각들이 연쇄적으로 쓰러지고 있었다. "하나하나 사건이 터질 때마다 믿기지 않았어요." 필은 회상했다. "우린 놀라서 눈이 휘둥그레졌어요. 참 순진했죠. 앞으로 어떻게 될지 너무 궁금했어요."

형제자매들이여 연합하라 BROTHERS AND SISTERS UNITE—

'Brothers & Sisters'

윌리엄스는 앤디 매클라우드(윌리엄스의 동료로 클럽 판당고의 음반 기획자)와 협의한 끝에 콜드플레이를 팬더모니엄 클럽 나이트 무대에 세웠다.

매클라우드는 밴드가 캠든의 불&게이트 펍에서 했던 첫 공연을 회상하며 이렇게 말했다. "공연이 시작되자 심상치 않은 분위기가 느껴졌어요."

임프레시브 PR의 멜 브라운도 그곳에 있었다. "밴드에 대해 얘기를 들었죠." 그녀가 말했다. "크리스는 관객들에게 초콜릿 바를 나눠줬어요. 개인적으로 제일 인상 깊었던 곡은 'Shiver'였어요."

브라운은 공연 출연 계약자인 자신의 친구 스티브 스트레인지에게 귀띔해줬다. 그 역시 밴드에 매료됐다. "정말 멋지다고 생각했어요. 무대에 몇 번 서지도 않은 밴드였는데 이미 자신들만의 특징을 보여줬어요. 초창기 몇몇 곡은 정말 대단해요."

피어스 판다는 콜드플레이의 첫 놀이터로 이상적이었다. 어떤 곡을 출시할지 전적으로 밴드에게 맡겼기 때문이다. "우리가 할 수 있는 건 밴드가 최상의 곡을 선택했다고 느끼도록 독려하는 거죠." 윌리엄스는 이렇게 말했다. "초기 데모 중에서 솔직하게 딱 한 곡만 고르라고 한다면 'Shiver'라고 대답할 거예요. 그런데 당시 곡들 중 뭘 골랐어도 이상하지 않을 정도로 다 좋았어요."

1999년 2월, 피어스 판다의 일반적인 예산인 400~500파운드에 맞춰 세 개의 트랙이 녹음됐다. 장소는 북런던의 스테이션 스튜디오였고, 엔지니어는 피어스 판다와 이전에 두어 번 같이 작업한 경험이 있는 마이크 비버였다.

"녹음에 들어가기 전에 콜드플레이에 대한 설명을 들었어요. 크게 될 친구들이니 열심히 하라는 말이 전부였죠." 비버의 이야기다. "녹음 두 번째 날이었어요. 처음엔 'Brothers & Sisters'를, 이어서 'Only Superstition'을 녹음했어요. 그러고 시간이 좀 남았죠. 크리스가 'Easy to Please'를 녹음하자고 즉석

에서 제안했어요. 주위의 앰비언트적 요소를 더하려고 스튜디오 입구에 마이크 두 대를 설치했고, 그걸로 자동차들이 지나가는 소리를 녹음했죠." 비버의 회상은 계속됐다. "Easy to Please' 녹음을 한 테이크만에 끝내고 스튜디오 인터폰 소리도 넣었죠. 분위기에 잘 녹아들었어요. 그리고 피아노 반주를 넣어서 완성했죠. 크리스에게 머리 위에 종이 박스를 매달고 노래하라고 권했어요. 그렇게 해서 아주 놀라운 보컬 사운드가 만들어졌죠."

세 곡의 녹음이 모두 끝난 세 번째 날, 그들은 녹음한 걸 워크맨으로 들으며 공연을 보기 위해 지하철을 타고 시내로 나갔다. "크리스가 사운드 레벨이 안 맞는 부분이 몇 군데 있다며 믹싱을 다시 하자고 제안했어요. 어린 나이에도 자기가 뭘 원하는지 정확히 알고 있었죠." 비버가 말했다.

'Brothers & Sisters'가 발매된 이 시점에는 영국에 있는 모든 음반사 사장이 콜드플레이를 만나고 싶어 했다. "이때 뎁스는 자기가 다니던 음반사에서 나왔어요. 그래서 더더욱 콜드플레이가 갈 곳은 킬링이 있는 팔로폰뿐이라고 확신했죠." 캐럴라인 엘러레이가 말했다. 킬링은 맨체스터에 있는 엘러레이를 찾아갔다. "의자에 앉아서 Safety EP를 들어보라고 했죠." 엘러레이는 당시를 이렇게 회상했다. "킬링은 음악에 매료된 채 '전에 했던 말은 취소해야겠어. 이 밴드를 데려오고 싶어졌어'라고 말했어요." 킬링은 밴드 때문에 몹시 흥분한 상태였다. 개빈 모드는 당시를 회상했다. "댄 킬링은 콜드플레이와 일을 하려면 어떻게 해야 되는지 물었어요. 나는 영화 〈귀여운 여인〉의 한 장면을 예로 들었죠. 옷가게에서 일하는 여자가 줄리아 로버츠에게 '애정'을 보여주기 위해 아부하는 장면을요."

킬링은 맨체스터에서 런던 집을 향해 차를 운전하며 Safety EP를 들었다. "그 음반을 밤새 들었어요. 도착해서 자다가도

Coldplay
Brothers & Sisters

왼쪽   초창기 공연 세트리스트. 1998년.
아래 왼쪽   밴드 초창기 시절, 크리스의 메모. 멤버들의
간략한 인적사항이 적혀 있다.
아래 오른쪽   'Brothers & Sisters', 'Ode to Deodorant'
데모와 함께 뎁스에게 보낸 편지. 1998년.

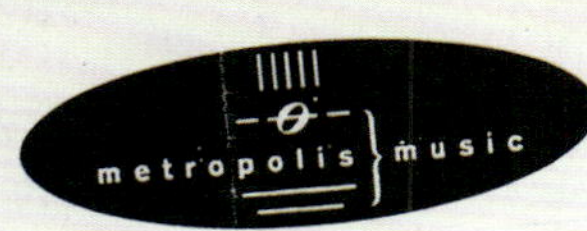

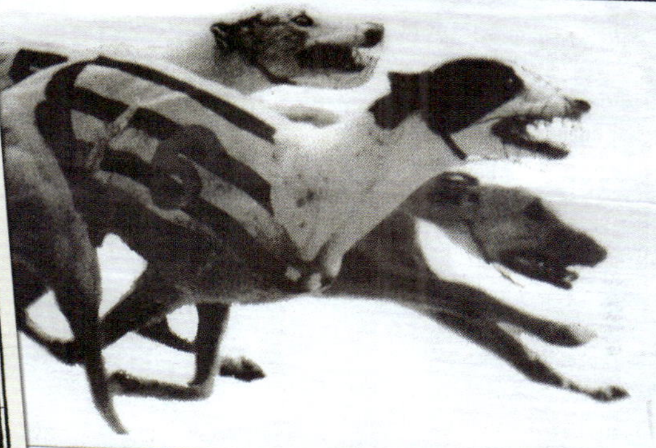

음악을 들으면서 깼죠. 당장 이 밴드에 전화를 해야겠다고 생각했어요."

토요일임에도 불구하고 킬링은 필에게 전화를 걸었다. 필은 가이와 함께 있었다. 두 사람은 혹스턴으로 가려던 참이었다. 마침 킬링이 그곳에 살고 있었다. 세 사람은 곧 만났고, 이때부터 킬링은 밴드와 친분을 쌓기 위해 애정 공세를 퍼붓기 시작했다. "제일 친해지기 어려웠던 건 크리스였어요." 킬링이 말했다. "복잡하지 않은 사람이 어디 있겠어요. 그런데 크리스는 정말 복잡한 사람이에요. 너무 다양한 면을 지니고 있죠."

"우리는 댄 킬링이랑 정말 친해졌어요." 필이 말했다. "처음 만난 날부터 당구도 치고 술도 같이 많이 마셨어요. 팔로폰과의 계약이 아주 자연스럽게 생각됐죠. 댄은 우리의 친구였으니까요. 우리 패거리 중 한 명이었어요."

1996년에 팔로폰에 합류한 마일스 레너드는 콜드플레이가 빛을 보기 시작할 무렵 회장 자리에 올랐다. 1999년 3월, 마이애미에 있던 레너드는 한 번 더 콜드플레이의 데모를 들었다. "침대에 누워 있는데 'Bigger Stronger'가 흘러나왔어요. 그 노래는 저를 다른 곳에 데려다놓았죠. 우아하고 아름다웠어요." 레너드는 시차를 확인한 뒤 필에게 전화했다. "우리가 계약을 할 겁니다. 우린 콜드플레이를 원해요." 필의 마지막 도미노가 쓰러졌다. 아쉬운 쪽은 오히려 팔로폰이 된 것이다.

4월 1일, 콜드플레이는 피어스 판다에서의 EP 출시 기념 공연을 하기 위해 불&게이트 펍 무대에 다시 섰다. 앤디 매클라우드는 그날을 이렇게 기억한다. "그날 공연이 펍 30년 역사상 최대 수입(3,000파운드)을 기록했어요. 켄티시 타운 로드에 그렇게 줄을 길게 선 적이 없었죠. 콜드플레이가 무대에 올랐을 땐 발 디딜 틈도 없이 사람들로 가득 찼어요. 음악 관계자들 중에 싫어하는 사람들도 있었는데, 그들은 이 밴드가 절대 성공하지 못할 거라고 했죠."

그날 공연의 사운드 엔지니어였던 댄 그린은 밴드가 상당한 수준으로 발전했음을 느꼈다. 깊은 인상을 받은 그는 필에게 소감을 자세히 전했다.

불&게이트 공연은 팔로폰의 결정이 옳았음을 증명해줬다. 콜드플레이는 훌륭한 밴드였다.

밴드는 팔로폰과 정식으로 만나기 전에 런던 곳곳을 다니며 공연을 했다. 1999년 4월 5일, 그들의 새로운 영웅이 된 스티브 라마크는 켄티시 타운 포럼(북런던의 전설적인 공연장 중 하나)에서 열린 웨일스 출신 밴드 카타토니아의 공연 오프닝 무대에 콜드플레이를 세웠다. 공연 실황은 BBC 라디오 1에서 생중계됐다. 카타토니아는 전국에 팬이 있었기 때문에 콜드

플레이로서는 크게 이목을 끌 수 있는 기회였다. "매트 화이트크로스와 함께 그날 거기에 있었어요." 크리스 푸프는 이렇게 회상했다. "상당히 좋은 음향 시설로 'Brothers & Sisters'를 처음 들었죠. 매트와 저는 서로 바라만 볼 뿐 입을 못 다물었어요. 곧 뜰 거라는 걸 직감했죠."

라디오헤드를 발굴한 팔로폰의 상무이사 키스 워젠크로프트도 그날 밤 관객들 사이에 있었다. "크리스가 긴장한 모습으로 나타났어요. 재미있고 전염성이 있는 사람이었죠." 워젠크로프트가 말했다.

필은 공연에서 오디오 믹싱을 맡기 위해 댄 그린을 불렀다. 댄 그린은 그 이후부터 계속해서 밴드의 하우스 엔지니어로 일하고 있다. 스티브 스트레인지도 그날 공연을 관람했고, 이후 콜드플레이에게 공연을 주선했다. 콜드플레이는 그렇게 커갔다.

이 시기에 콜드플레이에게 결정적인 도움을 준 이로 라디오 1의 DJ인 조 와일리를 꼽을 수 있다. 그녀는 주중 점심시간 프로그램으로 옮기기 전까지 라디오 1의 이브닝 세션에서 스티브 라마크와 공동 진행을 맡았다. 콜드플레이의 열혈 지지자였던 와일리 덕분에 밴드의 음악은 낮 프로그램에서 소개되었고, 폭넓은 청취자 층에 노출될 수 있었다. "메인 라디오 방송국인 라디오 1이 우리 편에 서준 건 정말 행운이었죠."

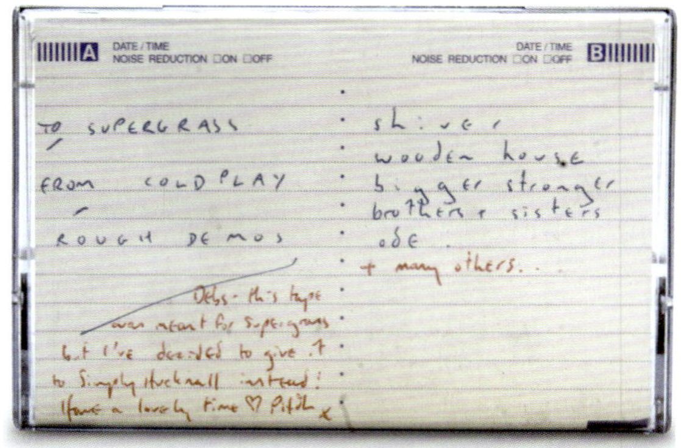

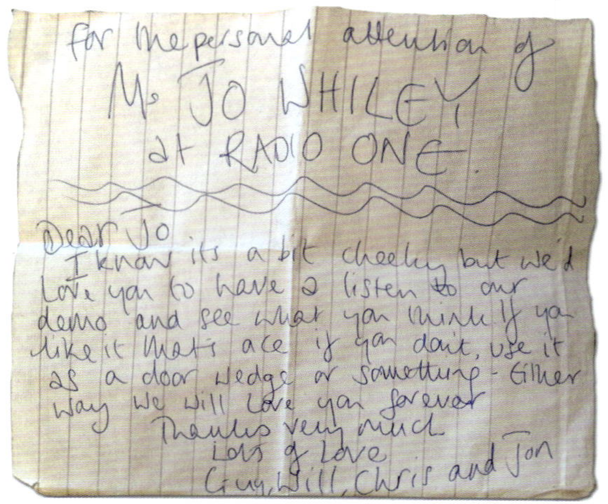

위 Brothers&Sisters 녹음 후 옥스퍼드에서 있었던 공연의 전단지.

월이 말했다. "밴드에 대해 궁금해 하는 사람들이 많았어요. 우리는 늘 놀랄 만큼 큰 사랑을 받았어요. 그분들이 안 계셨다면 우리는 이 자리에 없었을 거예요." 오늘날까지도 와일리는 사실상 콜드플레이를 영국 전역에 알린 사람으로 꼽힌다.

꿈의 계약

댄 킬링은 밴드 멤버들을 초대해 팔로폰의 임원진을 소개했다. 마일스 레너드는 회상했다. "우린 너무 설렜어요." 예상과는 달리 조니, 가이, 윌만 미팅에 참석했다. 크리스는 사정이 있어 동참하지 못했다.

"미팅이 정말 잘됐어요. 바로 이어서 미팅이 또 있었죠. 그제야 크리스가 들어왔어요." 레너드가 말했다. "대화가 끝날 무렵, 정말로 계약이 성사되겠구나, 하고 느꼈어요." 키스 워젠크로프트는 회상했다. "크리스는 에너지가 넘쳤죠. 긴장한 것 같았는데 예의 발랐어요. 다른 멤버들은 말수가 적었지만 에너지가 넘쳤고요. 재미있고 아주 긍정적이었죠."

"최종적으로 일곱 군데에서 제안을 받았어요." 모드가 말했다. "결국 원하는 레이블과 계약을 한 거죠. 마지막으로 제안한 데가 팔로폰이었어요. 계약은 트래펄가 광장에서 비둘기와 비둘기 똥에 둘러싸인 채 이뤄졌죠."

밴드가 고대하던 팔로폰과의 음반 계약에 서명하는 순간이 다가왔다.

"퀴퀴한 변호사 사무실에서 서명하고 싶지 않았어요. 기억에 남을 만한 일을 하고 싶었죠." 윌이 말했다. "대형 마트에 가서 시트지가 붙어 있는 테이블을 샀어요. 그걸 들고 트래펄가 광장에 갔죠." 댄 킬링이 말했다. 밴드를 향한 그의 구애 작전은 그렇게 완성됐다. 섹스 피스톨스가 버킹엄 궁전 앞에서 음반 계약을 한 것은 유명한 일화다. 킬링과 마일스 레너드는 둘 다 섹스 피스톨스의 팬이었다. "밴드와의 계약은 딱 한 번할 수 있죠. 독특한 방식으로 해서 역사의 한 페이지를 쓰고 싶었어요." 레너드가 말했다. "음반사에서 샴페인과 잔을 준비해줬어요. 우린 작은 파티를 열었죠. 그런 다음 펍에 갔어요. 정말 놀라웠죠. 음반 계약을 했다는 게 믿기지 않았어요." 윌이 덧붙였다.

이제 우리는 어디로 가나요?

콜드플레이는 머지않아 자신들이 '새로운 세상'에 발을 들였음을 깨달았다. "계약하는 걸 목표로 달려왔는데, 알고 보니 그건 아무것도 아니었어요. 중요한 건 앨범 제작이었죠." 조니가 말했다.

1999년 4월 26일 월요일, 팔로폰 계약서의 잉크가 채 마르기도 전에 피어스 판다는 콜드플레이 첫 싱글인 'Brothers&Sisters' 초판 2,500장을 출시했다. "아마 차트 99위로 진입했을 거예요." 사이먼 윌리엄스가 말했다. "멤버들은 뛸 듯이 기뻐했죠."

이후 며칠간 조니, 윌, 크리스는 기말고사를 준비하느라 벼락치기에 돌입했고, 세 명 모두 별 탈 없이 패스했다. 그들은 자축하기 위해 휴가를 떠났는데, 돌아온 다음 날 바로 투어용

옆 위 맨체스터 로드하우스 쇼가 끝나고 백스테이지에서. 가이, 조니, 크리스, 윌.
옆 아래 맨체스터 로드하우스 쇼가 끝나고 백스테이지에서. 댄 그린, 가이, 크리스, 뎁스, 조니, 윌.
위 맨체스터 로드하우스 쇼의 시간표. 콜드플레이는 30분간 공연했다. 그리고 당시 모습.
아래 조니, 윌, 크리스, 가이가 로컬 펍에서 다른 밴드의 오프닝 공연을 하고 있다.

SHOW TIMES

Thursday 1st July
Doors open: 8.00pm

THE UNDECIDED	8.30pm - 9.00pm
FLOE	9.20pm - 9.50pm
COLDPLAY	10.10pm -10.40pm
PENUMBRA DERRY	11.00pm -11.30pm

ADMISSION £3.50
CURFEW: 1am

위 1999년 6월 27일. 글래스턴베리 페스티벌에 처음 참가한 콜드플레이. 존 필 스테이지에서 공연.
아래 1999년 8월. 레딩 페스티벌과 리즈 페스티벌 통행증.
옆 1999년 3월. NME 투어 홍보 사진. 이 투어에서 찍은 다른 사진들에는 함께 공연한 밴드인 테리스 멤버들도 함께 있다.

밴을 타고 영국 전역을 돌기 시작했다. 새롭게 지정된 투어 매니저 제프 드레이가 운전을 했고, 이후 오랫동안 전담 프로듀서를 맡게 될 댄 그린이 사운드 엔지니어를 맡았다. 첫 공연지는 옥스퍼드였다. 드레이는 당시를 이렇게 회상했다. "줄스 홀랜드 빅 밴드의 메인 무대가 끝나고 새벽에 우리 차례가 왔어요. 그러다 보니 남아 있는 관객들은 엄청 취해 있었죠. 전력 공급에 문제가 있어서 전곡을 다 소화하지도 못했어요." 멤버들이 가장 좋아하는 페스티벌인 글래스턴베리에서 한 것치고는, 또 투어의 첫 여정치고는 썩 좋은 공연이라고 보기에 무리가 있었다.

글래스턴베리 - 1부

자칫하면 콜드플레이는 글래스턴베리 페스티벌에 참가하지 못할 뻔했다. 밴드는 1999년 6월 27일 일요일, 존 필 스테이지에 신예 밴드 자격으로 무대에 오를 예정이었다. 그런데 그들이 차에서 내린 곳은 옳은 출입구가 아니었다. "글래스턴베리에 도착했는데 담당자가 엉뚱한 게이트로 안내했어요. 멤버들은 제시간에 무대에 오르기 위해 짐을 잔뜩 들고 페스티벌 장소를 가로질러 가야 했죠." 드레이의 설명이다. "수송 차량에 우리 장비가 다 실려 있었어요." 가이는 회상했다. "5분 안에 무대까지 가야 했죠. 앰프를 든 채 그 넓은 페스티벌 장소를 가로질러 가야만 했어요."

콜드플레이를 찾아온 이들도 어느 정도 있었지만 관객이 많은 것은 절대 아니었다. "콜드플레이에 대한 저의 첫인상은 전에 같이 일했던 다른 밴드들과 달랐다는 거예요." 드레이는 회상했다. "멤버들은 기말고사 결과가 나오길 기다리고 있었는데 성적에 크게 집착하는 것 같진 않았어요. 크리스는 수송 차량 뒤칸에 장비들과 섞여서 이동하는 것과, 벼룩이 우글거리는 여관에서 묵는 것에 대해 조금은 자괴감을 느낀 것 같았어요. 그런데 조니는 이런 것도 나름 운치가 있다며 넌지시 말했었죠."

1999년 7월 6일, 또 한 번의 대형 사건이 일어났다. 밴드가 BMG와 퍼블리싱 계약을 맺은 것이다. "저작권 계약이 성사됐을 땐 런던의 서펜타인 지역으로 가서 보트도 타고 술도 마셨어요. 서명은 호수 한가운데서 했죠." 윌이 말했다. 개빈 모드도 그날을 회상했다. "밴드 멤버들이 BMG 회장 폴 커랜과 상무이사 이언 래미지에게 노를 저어서 서펜타인 호수 한가운데에 가자고 했어요. 보트에 앉아서 사인을 하겠다는 거였요. 크리스는 흥분한 채 호숫가에 앉아서 미친 듯이 노 젓는 연습을 했어요. 다른 사람들은 그런 크리스를 발로 밟고 주위를 빙글빙글 돌면서 좋아했어요. 결국 윌이 크리스한테 그만하라고 했죠."

1999년 10월, 콜드플레이는 세상에 정식으로 모습을 드러냈고, 영원할 것만 같았던 여름도 끝이 났다. 크리스는 그해 여름을 회상했다. "페스티벌을 계속 돌았고 그렇지 않을 땐 스튜디오에 있었어요. 즐길 수 있는 여유가 없었죠. 페스티벌이 재밌긴 하지만, 일요일 아침 11시에 관객들의 마음을 움직이는 게 쉽진 않거든요. 당시 우리는 일을 배우는 자세로 임했어요. 여름에는 '뭘 그렇게 열심히 해?'라는 식의 정서가 팽배하잖아요."

콜드플레이는 새로 계약을 맺은 팔로폰과 녹음을 하는 것으로 21세기를 준비했다. 밴드의 달콤한 꿈은 과연 여기에서 끝이 났을까?

WE
LIVE
IN A
BEAUTIFUL
WORLD

우리는 아름다운 세상에 살고 있다

'Don't Panic'

정규 1집 Parachutes는 영국 차트 1위에 올랐고 머지않아 클래식 넘버가 되었다. 하지만 녹음에서 출시까지의 과정은 결코 순탄치 않았다. 멤버들은 앨범 제작 과정 내내 장애물을 극복해야 했다. 다행히 결과는 좋았다. 수록곡들의 멜로디는 황홀하면서도 호소력이 넘치고, 'Yellow' 같은 곡에서는 멤버들의 작사, 작곡 능력이 돋보인다. "모든 건 'Yellow'가 있었기에 가능했죠"라고 조니는 말한다.

네가 나를 막으려 할지라도JUST YOU TRY AND STOP ME - 'Shiver'

Parachutes 앨범의 가사는 창작자의 정서를 투영하듯 안전, 자신감, 스스로에 대한 질문, 삶과 사랑에 대한 갈망이 주제다. 크리스 앨리슨이 프로듀서로 지정된 상태에서 밴드는 추가로 넣을 곡을 쓰는 데 집중하기 위해 녹음을 미뤘다. 그러나 머지않아 일이 순탄치 않다는 것을 깨달았다.

"리허설 룸에서 합주를 하는데 영 호흡이 안 맞는 거예요." 앨리슨이 말했다. "전 아주 솔직하게 말하는 편이었죠. 이 정도로는 부족하다고……" 멤버들은 그의 의견에 따라 연습을 더 한 후에 소집됐다. 다시 녹음을 재개했지만 별반 나아진 게 없었다.

"댄 킬링이랑 스튜디오로 가던 게 생각나요." 마일스 레너드는 설명했다. "분위기가 경직돼 있었어요. 이건 아니다 싶은 분위기였죠."

리드 보컬 크리스는 대화를 하자며 레너드와 킬링을 오리니코 스튜디오 옥상으로 데려갔다. 그는 매우 긴장한 상태였다. 음반사의 돈을 쓰고 있다는 사실이 크리스를 압박하고 있었다. 음반사와 함께하는 첫 작업에서 그는 보란 듯이 멋지게 해내고 싶었다. 하지만 이내 밴드와 프로듀서 사이에 심각한 갈등이 생겼다. 밴드가 기술적으로 부족하다는 점을 앨리슨이

지적한 것이다.

"드러머를 세션 연주자로 교체하라는 압박이 가해졌어요. 윌에게 계속해서 드럼을 맡겼다가는 70점짜리 밴드에 머물 거라고 크리스한테 말했다는 거예요. 그는 큰 결정을 내려야만 했죠." 클럽 판당고의 앤디 매클라우드는 이렇게 회상했다.

"스튜디오에서 무언가 잘못되고 있었어요. 전 윌에게 책임을 물었죠." 크리스 마틴이 말했다. "한번은 윌이 박자를 놓쳤어요. 정말 쓰레기 같다고 말했죠." 곧이어 윌은 밴드에서 나가 달라는 권유를 받았다. "그렇게 사흘이 지나갔어요. 우린 드럼 머신 같은 걸 써가며 계속해서 작업을 했죠."

"참담했어요. 끔찍한 시간이었죠. 일주일 동안 콜드플레이는 존재하지 않았어요." 크리스가 말했다. "모든 게 내 잘못이라고 자책했어요. 기회를 날려버릴까 봐 겁먹었던 거죠."

윌을 대체할 드러머를 뽑는 오디션이 열렸다. "몇몇 다른 드러머들과 외도를 했어요." 훗날 크리스는 이렇게 회고했다. "그 경험을 통해 우리는 밴드의 조화가 쉽게 만들어지는 게 아니라는 사실을 배웠죠."

크리스는 죄책감에 미친 듯이 술을 마셨다. 보컬을 맡고 있는 그로서는 좀처럼 하지 않던 행동이었다. 크리스는 그전까지는 그렇게 취해본 적이 거의 없었다고 말했다. 얼마 후 윌은 복귀를 권유받았다. "사과하긴 했지만 마음의 빚을 갚아야 한다고 생각했어요." 크리스가 말했다.

윌은 다음 날 크리스가 빨간색 액체를 입에서 흘리며 가이의 아파트 화장실 바닥에 누워 있었다고 회상했다. "뭘 했는지 잘 기억나지 않는데, 제가 길거리에서 하모니카를 불고, 다른

멤버의 과자를 뺏어 먹고, 화장실 바닥에 누워 있었어요. 바닥엔 빨간색 액체가 흥건했죠. 그게 뭐였냐고요? 보드카 앤 크랜베리였나?" 나머지 밴드 멤버들도 윌을 보낸 것이 불편했다. 개빈 아헌은 이렇게 말했다. "저와 조니, 필 세 사람은 코번트 가든에 있는 오닐스 펍에 갔어요. 윌 챔피언이 밴드에서 쫓겨난 날 죽도록 퍼마셨죠. 두 사람 모두 죄책감에 시달렸어요. 정말 묘한 시기였죠. 그 일을 계기로 멤버들의 관계는 더욱 단단해졌어요. 이후 누구도 그들을 갈라놓을 수 없었죠."

윌이 돌아오자 다시 네 명이 된 밴드는 프로듀서 앨리슨과 결별했다. 값비싼 경험을 치른 밴드는 심적으로 나약해진 상태였다. "크리스 앨리슨 때문에 자신감을 좀 잃었어요." 필은 이렇게 설명했다. "그의 잘못은 아니에요. 원하는 소리가 달랐던 거죠. 우린 스스로를 되찾아야 했어요. 어떤 소리를 음반에 담을 것인가 고민했죠. 눈물도 흘리고 싸우기도 하고……"

Parachutes 앨범을 앞세워 18개월 동안 쉬지 않고 투어를 다닌 덕에 윌의 드럼 실력은 놀랍게 성장했고, 이후 누구도 그의 능력을 의심하지 않았다. "무엇보다 자신감이 많이 생겼어요. 드럼을 더 세게 칠 수 있게 됐죠." 윌은 말했다. "몇 차례 레슨을 받으며 박자 감각을 보강했어요. 기초를 배우지 않으면 더 이상 실력이 늘 것 같지 않은 지점에 도달했거든요. 도움 없이 저만의 감각만으로 하는 건 이미 한계점에 달한 상황이었어요."

'High Speed'는 이 시기, 즉 앨범 제작에 대한 사전 준비 없이 녹음된 것 중 남아 있는 유일한 트랙이다. Blue Room EP의 제작 방향은 그 간극을 채우는 쪽으로 맞춰졌다. "몇몇 곡들은 다시 녹음하려 했는데 잘 안 됐어요." 킬링이 말했다. "더'잘 녹음된 버전의 'Bigger Stronger'가 있긴 하지만 불꽃처럼 튀는 맛이 없었어요." 킬링의 제안에 따라 Safety EP의 오리지널 트랙이 채택됐다. 영리한 선택이었다. "Blue Room EP에서 두 곡은 데모 버전이에요. 좋은 노래라 사람들에게 들려주고 싶어서 실었죠." 크리스가 말했다. "애석하게도 원본을 찾을 수가 없어서 리믹스를 할 수 없었어요. 하지만 느낌은 정말 좋았어요. 그게 중요하죠."

결과적으로 예전 버전과 새로운 버전이 각각 다섯 곡씩 섞인 앨범 5,000장이 한정 발매됐다. 이 시기에 콜드플레이는 사랑에 관한 가사를 쓰지 않았다. 멤버들이 연애 경험이 별로 없었기 때문이다. 크리스는 '좋은 사랑 노래는 이미 많이 나와 있었기 때문'이라고 주장한다. 이후 그들에게 어떤 미래가 펼쳐질지 이때는 예상하지 못했을 것이다. 스스로 경험이 부족하다고 느낀 크리스는 자신이 쓴 가사가 이런 식이었다고 설명한다. "남자애는 여자애와 같이 있고 싶어 해요. 그런데 여자애는 라크로스(하키와 비슷한 스포츠)를 하고 노는 게 더 좋대요." 그런데 왜 제목이 Blue Room이었을까?

"우리가 녹음하던 스튜디오에는 블루 스크린이 걸려 있는 방이 하나 있었어요. 거기에서 촬영을 하고 하와이 배경을 입히는 식이었죠. 그땐 그게 CG라는 것도 몰랐어요. 우린 그 방에 들어가서 크리켓이랑 축구를 하고 놀았어요. 조잡하기 짝이 없는 방이라고 생각했는데 알고 봤더니 엄청 비싸더라고요. 그래서 제목이 Blue Room이 된 거예요." 크리스의 대답이다. 멤버들은 친구인 매트 화이트크로스에게 자신들이 새로 녹음한 'Spies'의 뮤직비디오 촬영을 부탁했다. 첫 출시된 앨범 타이틀곡은 'Bigger Stronger'였지만, 뮤직비디오는 'Spies'로 찍기로 결정한 것이다. 그땐 이미 시간이 촉박해서 화이트크로스는 뮤직비디오 줄거리를 수정할 수 없었다. 그 결과 'Bigger Stronger' 뮤직비디오는 지금도 내용을 이해하기 힘들다. 도싯의 더들 도어(이듬해에 촬영되어 너무나도 유명해진 'Yellow'의 뮤직비디오 촬영지와 아주 가까운 거리에 있다)에서 촬영된 'Bigger Stronger'의 뮤직비디오는 정식 발표된 적이 없다. 다만 멤버들의 해설이 들어간 버전이 2008년, 밴드 웹사이트에 공개됐다.

Parachutes의 제작 과정

그 후 몇 달이 지난 1999년 10월 11일, Blue Room EP가 발매됐다. 공연을 하느라 바쁜 나날이었지만 멤버들의 마음 한 구석에는 근심이 가득했다. 아직 데뷔 앨범의 제목을 정하지 못했기 때문이다. 크리스는 노트에 몇 개의 가제를 메모해놓았다. 그중 하나는 '세계 던질수록 높이 튀어 오른다The Harder You Throw It The Higher It Bounces'였다. "계란은 안 튀어 오르는데." 가이가 지적했다. "스패너도." 옆에 있던 조니가 거들었다.

크리스는 'Maximum Soul'도 타이틀로 괜찮다고 생각했다. "촌스럽지만 느낌은 좋았죠." 크리스는 노트에 그 제목을 거듭해서 낙서했다. "멤버들의 공통점은 음악으로 감동을 주고 싶어 한다는 거죠. 소울의 최대치maximum soul가 녹아든 음악을 연주하고 싶어요. 사람들의 속을 후벼 파는 음악을요."

크리스의 설명에 의하면 그 후로 몇 달 후에야 Parachutes라는 타이틀이 떠올랐다고 한다. "타이틀을 정해야만 했기 때문에 급하게 Parachutes로 골랐어요. 그런데 잘 맞아떨어졌죠. 아주 잘 어울려요. 간혹 급하게 전하거나 우연히 발견한 게 가장 잘 어울릴 때가 있어요."

1999년 10월, Parachutes 앨범에 들어갈 곡들을 쓰고 연습하던 시기에 크리스는 곡을 발전시키는 데 매진했다. "'Everything's Not Lost'는 요즘도 상황에 따라 촌스럽게 들릴 때가 있어요." 크리스는 당시를 회상했다. "가사를 하나도 쓰지 않은 상태였는데 완성하면 정말 좋은 곡이 되겠다고 생각했어요. 앨범에서 두 곡은 피아노가 리드를 하는 게 좋을 것 같았어요. 저는 피아노 치는 걸 좋아해요. 하지만 그런 곡이 너무 많이 들어가면 또 안 되죠."

리허설과 공연 일정(스티브 스트레인지가 라인업에 있던 공연)을 소화하는 와중에 콜드플레이는 왕성하게 활동하는 몇몇 프

위 비틀즈가 녹음한 곳으로 유명한 애비 로드 스튜디오에 도착한 콜드플레이. 이곳에서 Blue Room EP 마스터링 작업이 이뤄졌다.
옆 1999년. 제임스 피커링이 찍은 레딩 페스티벌 무대. 콜드플레이가 이 페스티벌에 참여한 것은 이때뿐이다.

로듀서들과 런던 북부에 있는 전용 합주실에서 미팅을 했다. "30분 정도 대화가 오가고 나면 프로듀서들이 누구랑 일을 했었는지보다 우리와 무엇을 할 수 있는지에 더 집중하게 됐죠." 조니가 말했다.

Parachutes의 결정적인 홍보 기회는 프로듀서 켄 넬슨을 만나면서 찾아왔다. 그는 비평가들의 극찬을 받은 아티스트인 고메즈, 배들리 드론 보이와 일한 경력이 있었다.

"고메즈는 제가 A&R 일을 시작하고 처음으로 리허설 현장에서 본 밴드였어요." 캐럴라인 엘러레이가 말했다. "정말 놀라운 프로덕션이었어요. 그래서 켄 넬슨과 만나려고 공을 들였죠." 넬슨의 매니저인 피트 번은 당시 만남을 이렇게 회상했다. "켄이 'Bigger Stronger'를 틀었어요. 콜드플레이와 함께 일하고 싶어 하는 게 느껴졌어요. 켄은 두 가지밖에 따지지 않아요. 노래를 잘하는가, 그리고 듣기 좋은 노래인가. 콜드플레이는 초창기 때부터 조건에 부합했죠."

넬슨과 콜드플레이의 첫 미팅은 합주실에서 이뤄졌다. 그리고 넬슨이 프로듀서로 밴드에 채용된 날, 콜드플레이는 기묘하게도 리버풀에서 고메즈와 공연을 했다. 공연장에 간 켄 넬슨은 걱정이 됐다. "밴드 멤버들이 무대로 성큼성큼 걸어가는 걸 보면서 생각했어요. '저 친구들 좀 진정할 필요가 있겠어.' 이후 스튜디오에서는 연주하는 게 좀 더 차분해졌어요. 각각의 곡을 어떤 템포로 연주해야 할지 얘기해줬거든요. 그래서 앨범이 자연스럽게 들리는 것 같아요."

큰 소리로 또렷하게 노래할게 SING IT LOUD AND CLEAR– 'Shiver'

밴드는 Parachutes를 녹음하러 웨일스의 몬머스에 있는 록필드 스튜디오와 런던의 웨섹스 스튜디오를 찾았다. 하지만 대부분은 리버풀의 파 스트리트 스튜디오에서 녹음했다.

녹음은 1999년 11월에 시작됐다. "록필드에서 녹음한 분량은 대부분 앨범에 안 실렸어요. 록필드에서의 작업은 프리프로덕션 정도로 생각하는 게 맞는 거 같아요. 파 스트리트로 넘어와서야 진짜 녹음이 시작됐죠." 피트 번이 말했다. 밴드는 머지않아 작업 환경에 적응했다.

"록필드에서의 분위기는 아주 긍정적이었죠." 번이 말했다. "스튜디오에 있는 피아노가 퀸이 'Bohemian Rhapsody'를 녹음할 때 썼던 거였어요. 크리스와 저는 흥분을 감추기 힘들었죠. 그래서 각자 30분씩 퀸의 곡들을 연습했어요."

"크리스 앨리슨과 녹음 작업 이후, 멤버들은 훨씬 열정적으로 변해 있었어요." 넬슨이 말했다. "돌이켜보면 당시 멤버들은 스튜디오로 돌아가는 데 부담을 느끼고 있었을 거예요. 마지막 기회라고 느꼈을 거 같아요."

시간이 지날수록 넬슨이야말로 밴드의 적임 프로듀서임이 명확해졌다. "어떤 소리를 원하는지 저는 정확하게 알고 있었어

아래 슈거밀 공연장. 콜드플레이와 테리스가 공동 헤드라이너로 무대에 올랐다. 2000년 영국 스토크온트렌트.
옆 위 Parachutes 녹음 당시 파 스트리트 스튜디오에서 크리스, 윌, 가이, 조니.
옆 아래 Parachutes 녹음 당시 록필드 스튜디오에서 크리스.
옆 아래 삽입 Parachutes 녹음 당시 록필드 스튜디오 방명록.

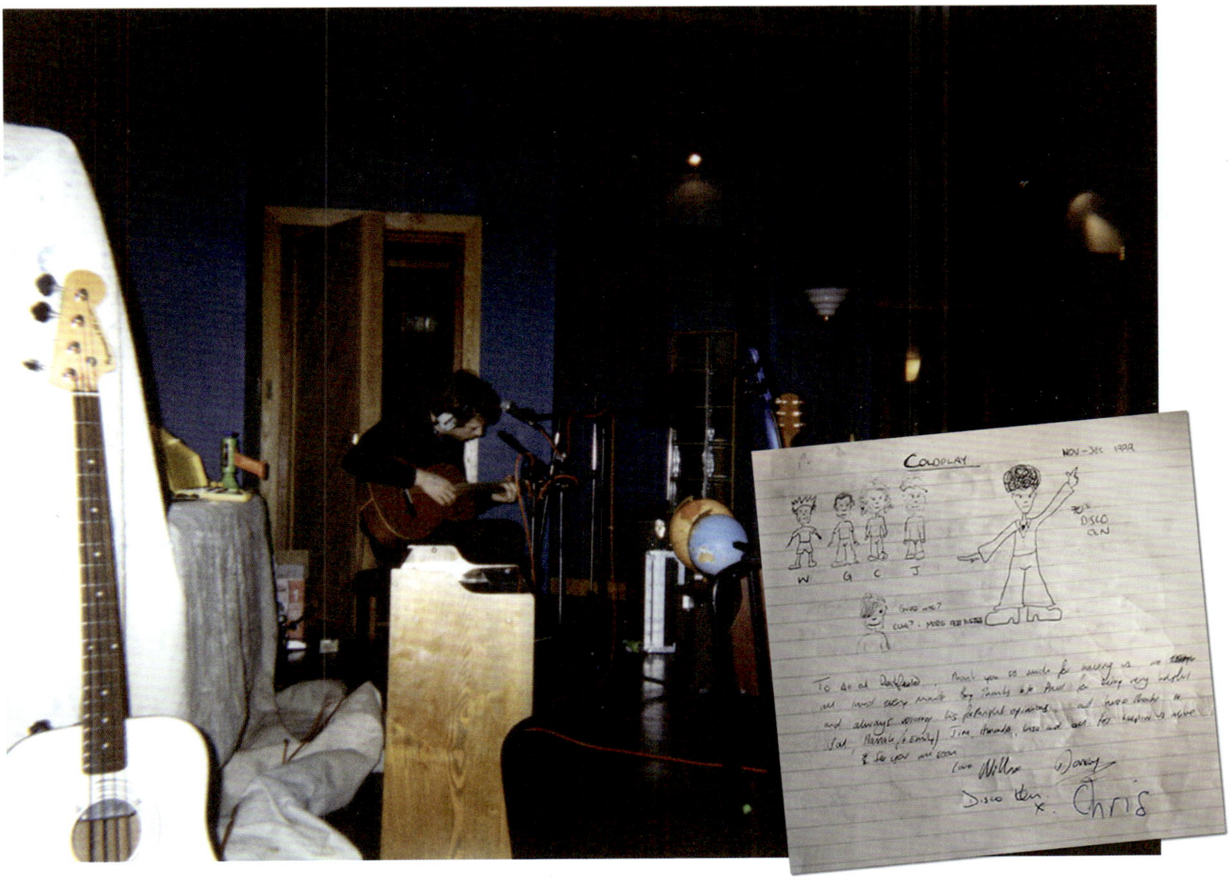

COLDPLAY
NOV-DEC 1999
W G C J
70's DISCO QN

요. 멤버들도 그랬고요. 저는 멤버들이 모두 동시에 연주하길 원했어요. 그러다 보니 긴장감이 고조되고 언성도 높아졌죠." 넬슨이 말했다. "하지만 다들 열심히 했고 좋은 결과를 낳았어요. 록필드에서 한 달을 보냈죠. 그 결과 'Shiver'와 'Don't Panic'이라는 두 개의 멋진 트랙을 만들어냈어요."

모두 'Shiver'가 타이틀곡이 되리란 걸 알고 있었다. 그렇기 때문에 최상의 결과물이 나와야만 했다. 음반사는 뉴욕에 있는 마이클 브라우어에게 최대한 빨리 믹싱을 마쳐달라고 부탁했다.

아름다운 것으로 변해 INTO SOMETHING BEAUTIFUL – 'Yellow'

마일스 레너드, 댄 킬링을 비롯한 레이블, 퍼블리싱 팀원들은 콜드플레이 멤버들의 작곡 능력을 인정하고 있었다. 하지만 Parachutes의 녹음 기간 동안 싱글로 낼 만한 곡이 새로 나오리란 보장은 없었다. 바꿔 말하면 Parachutes에는 결정적으로 히트를 보장할 곡이 없다는 뜻이었다. 'Yellow'가 나오기 전까지는……

"별이 엄청 많이 보이는 맑은 밤하늘이었어요." 가이가 록필드 스튜디오에서 녹음하던 때를 회상했다. "다들 놀랐어요. 그렇게 맑은 밤하늘은 처음 봤으니까요. 별이 말도 안 되게 많았어요."

"우린 다 같이 마당에 서 있었죠. 켄이 별을 보라고 그랬어요." 크리스가 회상했다. 넬슨은 다음 날 있었던 일을 얘기했다. "크리스가 새로운 곡이라며 흥얼거렸어요. 닐 영 흉내를 내서 다들 웃었죠. 그때는 가사가 몇 소절밖에 없었어요. 모든 소절의 끝이 'Yellow'로 끝났죠." 조니는 16살 때 자신이 만든 기타 라인을 그 곡에 입혔다. 결과는 매우 만족스러웠다.

한편 필은 곡에 대한 확신이 서지 않았다. 가사가 좀처럼 이해되지 않아서 집중할 수가 없었기 때문이었다. 기타 사운드에 강한 디스토션이 들어간 점, 쉽게 따라 부를 수 있는 후렴구가 없다는 점은 히트곡의 공식에 위배되었다. 하지만 곡에는 확실히 마법 같은 요소가 있었다. 직접 곡을 쓰는 엘보의 가이 가비나 오아시스의 노엘 갤러거도 그 점에 동의했다. "'Yellow'를 처음 들었을 때 난 바로 기타를 집어 들면서, '젠장, 내가 왜 이 곡을 먼저 안 썼지?'라고 생각했어요." 갤러거가 말했다. 가비는 이렇게 생각했다. "사람들이 'Yellow'를 좋아하는 이유는 곡 안에 스며든 자유로움 때문인 거 같아요. 또 음악에 대한 사랑이 느껴지잖아요. 아무도 그 가사에 대해 의문을 품지 않을 거예요. 동심이 느껴져요."

곡 목록에 'Yellow'를 장착한 밴드는 잠시 녹음을 중단하고

휴식기를 가졌다.

스티브 스트레인지는 곧 있을 NME Brats 내셔널 투어에 누구를 오프닝으로 세울지를 두고 《NME》 편집 담당자와 대화를 나눴다. "제가 그 사람한테 말했어요. '콜드플레이를 넣으면 나중에 나한테 고마워할 거다'라고. 투어 합류가 확정되자 밴드 멤버들이랑 음반사 식구들이 아주 기뻐했죠." 스트레인지가 말했다.

"NME 투어 당시 객석에 딱 한 명만 두고 공연하던 게 생각나네요. 그게 바로 저였죠. 그렇다고 우린 나쁘게 생각하지 않았어요. 어차피 밑바닥부터 시작했으니까요." 필이 말했다.

한편 투어를 거치며 신곡들은 더욱 탄탄해졌다. "무대를 거치며 어중간했던 부분들이 보완됐죠." 스트레인지가 말했다.

'Shiver'는 2000년 3월 6일에 발매됐고 콜드플레이는 처음으로 차트에서 톱 40에 입성했다. 정확히는 영국 차트 35위에 진입했고, 뮤직비디오는 합주실에서 실제로 일어난 일을 담은 영상이었다.

'Yellow'는 2000년 6월 26일에 발매됐다. B면에 있는 'Help Is Round the Corner'에는 파 스트리트 스튜디오에서 녹음할 당시 멤버들의 심정이 그대로 투영돼 있다.

우여곡절

밴드는 믹싱이 완료된 1차 결과물을 들고 팔로폰을 찾아갔다('Everything's Not Lost'는 마지막으로 녹음된 곡이어서 이때는 없

위 NME 투어 티켓, 런던 아스토리아 공연.
아래 왼쪽 크리스가 'Everything's Not Lost' 작업 당시 스튜디오에서 한 메모.
아래 오른쪽 2000년, 글래스고의 킹 투츠에서 사운드 체크하는 모습. 킹 투츠는 오아시스가 처음 발굴된 공연장이다.

었다). 그런데 의외의 반응이 돌아왔다. "키스 워젠크로프트와 마일스 레너드는 우리에게 교장 선생님 같은 분들이셨어요. 두 사람 마음에 들려고 엄청 노력했죠." 필이 설명했다. "뭐가 문제인지는 몰랐어요. 음악을 다 같이 들어보는 자리였는데 분위기가 안 좋았어요. 이러다 음반도 못 내보고 잘리는 건

> **" 누군가는 우리 싱글이 톱 5까지 갈 거라고 했지만, 개인적으로는 톱 20에만 들어도 좋겠다 생각했어요. "**
>
> 가이

아닌가 싶었죠." 레너드는 당시 감상을 직설적으로 표현했다. "전달력이 부족했어요. 멤버들이 낙심하는 게 느껴졌죠." "혹독한 평가는 약이 됐어요. 더 열심히 하게 됐으니까요." 필이 말했다. 밴드는 좋은 평을 듣지 못한 곡들을 수정했다. 그들은 뉴욕으로 가서 믹싱 작업 중인 마이클 브라우어를 만났다. "우리가 하나의 결합체가 된 시점이 바로 그때였죠." 필이 말했다. "그때까지는 노래를 모아놓은 하나의 앨범에 불과했어요. 그제야 보석으로 변했죠. 크리스가 앨범 타이틀을 지었고, 우린 트랙 순서를 정했어요. 좀 더 형식을 갖춰갔어요." 앨범이 완성되자 필은 Parachutes 앨범의 첫 카피를 이어폰으로 들으며 런던의 배터시 공원을 활보했다고 한다. "저는 음악을 만드는 데 음표 하나 도움을 준 게 없었지만 엄청난 자부심과 성취감을 느꼈어요." 필이 말했다. 크리스도 함께 만든 결과물이 마음에 들었다고 한다. "우리는 정말 열심히 했어요. 그 이상의 음반은 앞으로 만들 수 없을 거라고 생각했

어요. 하지만 음반을 만들 때마다 그런 자세로 임하게 돼요. 지금 만들고 있는 게 최고라고 믿어야지, 안 그러면 만드는 의미가 없어요." 크리스가 말했다. 앨범은 완성됐다. 하지만 7월 발매에 맞춰 공연, 홍보, 뮤직비디오, 앨범 재킷 등 아직 많은 것들을 준비해야 했다. 영국 밴드 임브레이스의 리더인 대니 맥나마라는 UK 투어 때 자신들의 오프닝을 맡아달라며 개인적으로 콜드플레이를 초청했다. "숀 휴스가 자신이 진행하는 라디오 프로그램에 콜드플레이를 섭외했어요. 같이 방송을 하고는 팬이 됐죠." 맥나마라가 말했다. "저랑 친구였던 숀이 나도 분명 좋아할 거라고 말했죠. 숀의 말이 맞았어요. 아마 Blue Room EP를 들려줬을 거예요. 바로 빠져들었죠. 그 무렵 블랙풀 볼룸에서 큰

위 HMV, 런던의 옥스퍼드 스트리트. Parachutes 앨범 발매 기념 매장 방문. 2000년 7월 10일.

왼쪽 콜드플레이가 임브레이스의 서포팅 밴드로 출연한 공연의 시간표. 2000년 5월, 블랙풀 타워 공연장.
오른쪽 크리스와 임브레이스의 리더인 대니 맥나마라.

공연이 있을 예정이었어요. 콜드플레이한테 도와줄 수 있냐고 물었더니 바로 수락했죠."

콜드플레이에겐 그때까지 했던 것 중 가장 큰 공연이었다. 공연은 성공적이었다. "보통은 서포팅 밴드 공연을 잘 보진 않아요." 맥나마라가 말했다. "그런데 그날은 꼭 보고 싶었어요. 가장 인상적인 곡은 'Trouble'이었어요. 크리스가 무대에서 춤을 췄는데 아주 촌스럽지만 자유로워 보였죠. 너무 멋졌어요. 촌스러운 게 원래 멋지잖아요."

뎁스 와일드도 그날을 회상했다. "정말 멋진 공연이었어요. 공연장도 멋졌고 라인업도 환상적이었죠. 공연이 끝나고 밴드는 주목을 많이 받았어요. 멤버들은 사람들과 어울려서 잡담을 했죠. 제가 추파를 던지는 몇몇 팬들한테서 크리스를 구해줬던 게 생각나네요."

이 공연이 있던 다음 날 찍힌 사진은 Parachutes 앨범 뒷면에 들어갔다(콜드플레이가 《NME》 표지에 처음 실렸을 때도 같은 사진이 사용됐다). 한편 앨범 앞면에 들어갈 이미지는 쉽게 정하지 못하고 있었다.

에식스주의 도시인 할로에서 11시간에 걸쳐 멤버들의 사진 촬영을 했지만 건진 건 하나도 없었다.

몇 주가 지난 시점인 2000년 6월 15일, 레스터시 샬럿에서 밴드의 무대용 소품을 촬영하자는 제안이 나왔다. 필이 10파운드를 주고 산, 불이 들어오는 지구본이었다. 크리스는 일회용 코닥 카메라로 지구본을 촬영했다. 당시 투어용 소품으로 구입한 지구본이 여러 개 있었는데, 촬영에 사용된 지구본은 2009년 'End of Decade' 자선 경매 당시 8,230파운드까지 값이 올랐다.

밴드는 투어 일정을 소화하느라 바쁜 날들을 보냈다. 6월 6, 7일 이틀은 아스토리아(지금은 없어짐)에서 뮤즈의 서포팅 밴드로 무대에 섰다. 글래스턴베리 공연을 하러 가는 길이었던 6월 20일에는 런던의 스칼라 공연 스케줄이 급조됐는데 이날은 헤드라인을 장식했다.

글래스턴베리 – 2부

콜드플레이의 공연은 토요일 오후 두 번째 무대였다. 멤버들은 긴장했다. 특히 윌은 공연이 시작되기 전에 우리에 갇힌 호랑이처럼 무대 가장자리를 서성거렸다. 댄 그린은 당시를 회상했다. "분위기는 산만했지만 공연은 훌륭했어요. 이후에 글래스턴베리에 돌아왔을 때만큼 섬뜩하진 않았죠."

스티브 라마크도 이 공연을 기억하고 있었다. "노래와 노래 사이에 크리스는 조금 건방을 떨거나, 약간 잘난 척을 하거나, 자기를 내세우지 않고 노래했죠. 글래스턴베리 공연은 완벽했어요. '우린 잘나서 이 무대에 서 있는 거야. 그런데 사실은 우릴 보고 있는 당신들과 별반 다르지 않아'라는 메시지가 전달됐죠."

BMG 사장인 이언 래미지도 그곳에 있었다. "본질적 의미에 대해 생각해볼 수 있는 공연이었어요. 왜 그런 느낌 있잖아요.

모든 게 노란색이었어요 IT WAS ALL YELLOW - 'Yellow'

두 번째 싱글인 'Yellow'의 뮤직비디오에는 원래 네 명의 멤버가 모두 출연할 계획이었다. 안타깝게도 그 무렵 윌의 어머니가 돌아가셨는데 장례식 날짜와 촬영일이 겹쳤다. 그래서 결국 크리스만 출연하는 것으로 계획이 수정됐다. 뮤직비디오 감독인 알렉스와 제임스는 촬영 콘티를 수정해야 했다. 촬영 장소는 변함없이 스완지 시티의 스터드랜드 베이였다.

"애초의 콘셉트를 유지하려고 했어요. 그런데 날씨가 너무 안 좋아서 완전히 새로 짜야 했죠." 제임스가 말했다. 촬영에 할당된 시간은 12시간이었지만, 실제로 촬영에 쓰인 시간은 30분이 안 됐다. 노래를 다섯 번 튼 게 전부였다.

"원래대로라면 다양한 조연들도 나오고 많은 일들이 벌어질 계획이었어요. 그런데 비가 멈추질 않는 거예요. 그래서 하나도 못 찍었어요." 필이 말했다. "8시간 동안 트레일러에서 대기만 했어요. 그런데 갑자기 크리스가 두 감독을 붙잡더니 데리고

나갔어요. 세 사람은 해변으로 걸어갔고, 그렇게 클래식 뮤직비디오 한 편이 탄생하게 된 거죠."

두 감독은 편집을 해서, 처음에는 어두운 화면이었다가 날씨가 개면서 자연스럽게 밝아지는 장면을 연출하고 싶었다. "블루 스펙트럼으로 시작했다가 레드를 넣어서 따뜻한 느낌을 줬죠. 일종의 그러데이션 효과예요. 카메라맨이 촬영이 진행되는 내내 수동으로 천천히 다이얼을 돌려서 점점 밝게 찍었어요." 제임스가 설명했다. "원래는 맑게 갠 날이었어야 하는데 날씨는 맘대로 바꿀 수 있는 게 아니잖아요. 주어진 상황을 최대한 유리하게 쓰는 수밖에 없죠. 결과적으로는 날씨가 도와준 셈이에요. 영상이 더 강렬해졌으니까요."

댄 킬링이 마무리했다. "비디오 덕분에 성공했어요. 크리스가 유명해진 결정적인 계기가 되었죠."

COLDPLAY
YELLOW

위 관계자들에게 발송된 싱글 앨범 Yellow의 리스트 카드.

'오, 이건 온 세상 사람들이 봐야 해.' 멤버들은 팀워크가 잘 맞았어요."

'Yellow'는 밴드의 두 번째 글래스턴베리 공연으로부터 이틀 후에 발매됐고, 차트 4위에 등극했다. 콜드플레이는 TV 음악 차트 프로그램인 Top of the Pops에 모습을 드러냈다(7월 6일). 우연히도 같은 시기에 《NME》 표지에 실렸다. 곧이어 조 와 일리가 점심 시간대의 라디오 방송에서 인터뷰를 하려고 크 리스에게 전화를 걸었다. 당시 크리스는 치과에 있었고 나머 지 밴드 멤버들은 휴가를 즐기는 중이었다. 조니는 휴양지에 가 있었는데, 풀장에 띄워놓은 에어 매트에 누워서 싱글 앨범 의 성공 소식을 전해 들었다. 월은 샤워 중에 소식을 접했다. 콜드플레이가 드디어 히트곡을 보유한 밴드가 된 것이다.

"우리 모두 'Yellow'가 훌륭한 곡이라고 생각했어요. 정말 좋 아했죠." 마일스 레너드가 회상했다. "싱글 발매를 안 할 이유 가 없었어요. 하지만 이토록 전 세계적인 초대형 히트곡이 될 줄은 아무도 몰랐죠."

불꽃이 날아오르고

팔로폰은 향후 몇 년 동안 쌓게 될 커리어를 내다보고 콜드 플레이와 계약했다. 사실 음반사 측은 첫 앨범에 거는 기대가 그렇게 크지 않았다. "10만 장만 팔려도 성공이라고 생각했 죠." 킬링이 말했다. "솔직히 어떤 형태든 상관없으니 히트만 하면 된다고 생각했어요."

콜드플레이의 데뷔 앨범은 첫 주에 75,000장이 팔린 동시에

위 Parachutes 앨범 홍보용 배지.
아래 V 페스티벌 세컨드 스테이지. 2000년 8월. 1년 후 콜드플레이는 같은 페스티 벌 메인 무대에 섰다.
옆 Parachutes 벨기에 투어 전단지.

영국 차트 1위로 진입하면서 그런 예상을 완전히 뒤엎었다. "시실리에 있는 록 페스티벌에서 공연을 하고 있었어요. 지역 록 밴드들 사이에 끼어 있었죠." 윌이 말했다. "우린 영국 차 트에서 1위를 했어요. 그런데 아무도 우리 음악을 안 들어본 거예요!"

그때까지 데뷔 앨범으로 영국 차트 1위에 오른 밴드는 오직 둘, 오아시스와 임브레이스밖에 없었다. 윌이 말했다. "우린 성 공할 거라는 희망을 늘 갖고 있었어요. 그런데 그렇게 빨리 성 공할 줄은 정말 몰랐어요. 너무 빨리 성공해서 모두 놀랐죠."

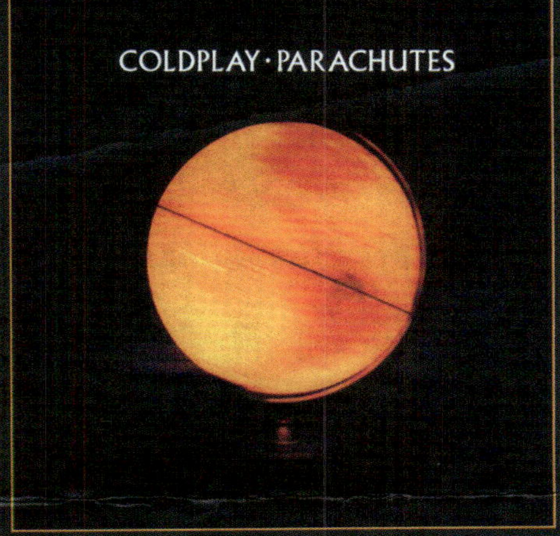

COLDPLAY
COLDPLAY · PARACHUTES
CD: PARACHUTES
INCLUDES: "SHIVER"
"YELLOW"
"TROUBLE"
IN CONCERT
ANCIENNE BELGIQUE
03/11/2000
TICKETS INFOS: 02/548 24 24
WWW.ABCONCERTS.BE

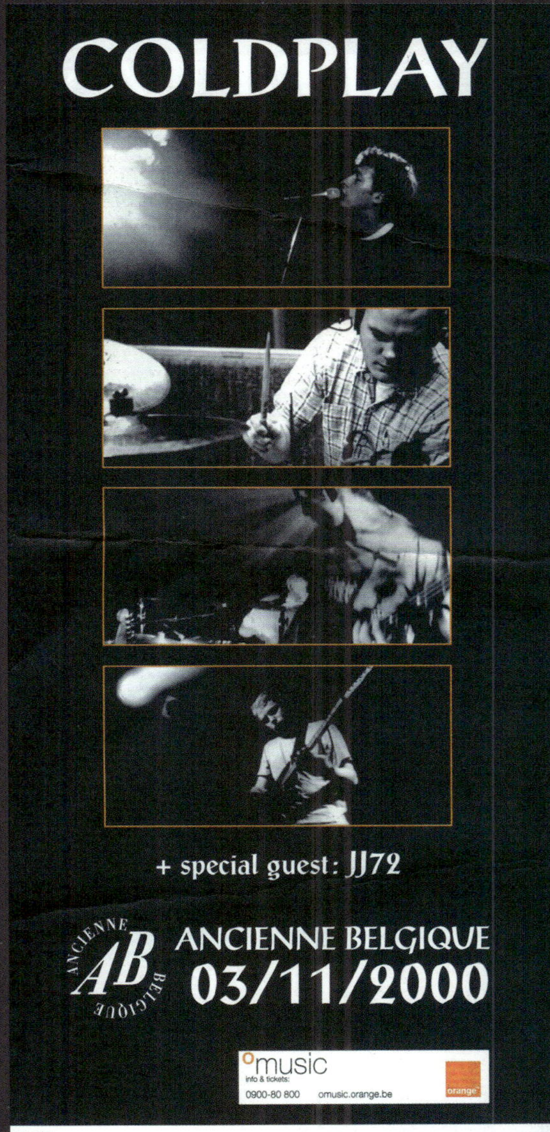

COLDPLAY
+ special guest: JJ72
AB ANCIENNE BELGIQUE
ANCIENNE BELGIQUE
03/11/2000
music
info & tickets:
0900-80 800   omusic.orange.be
orange
randstad interlabor
axion
STELLA ARTOIS
LE SOIR
radio21
HUMO
STUDIO BRUSSEL
Het Nieuwsblad

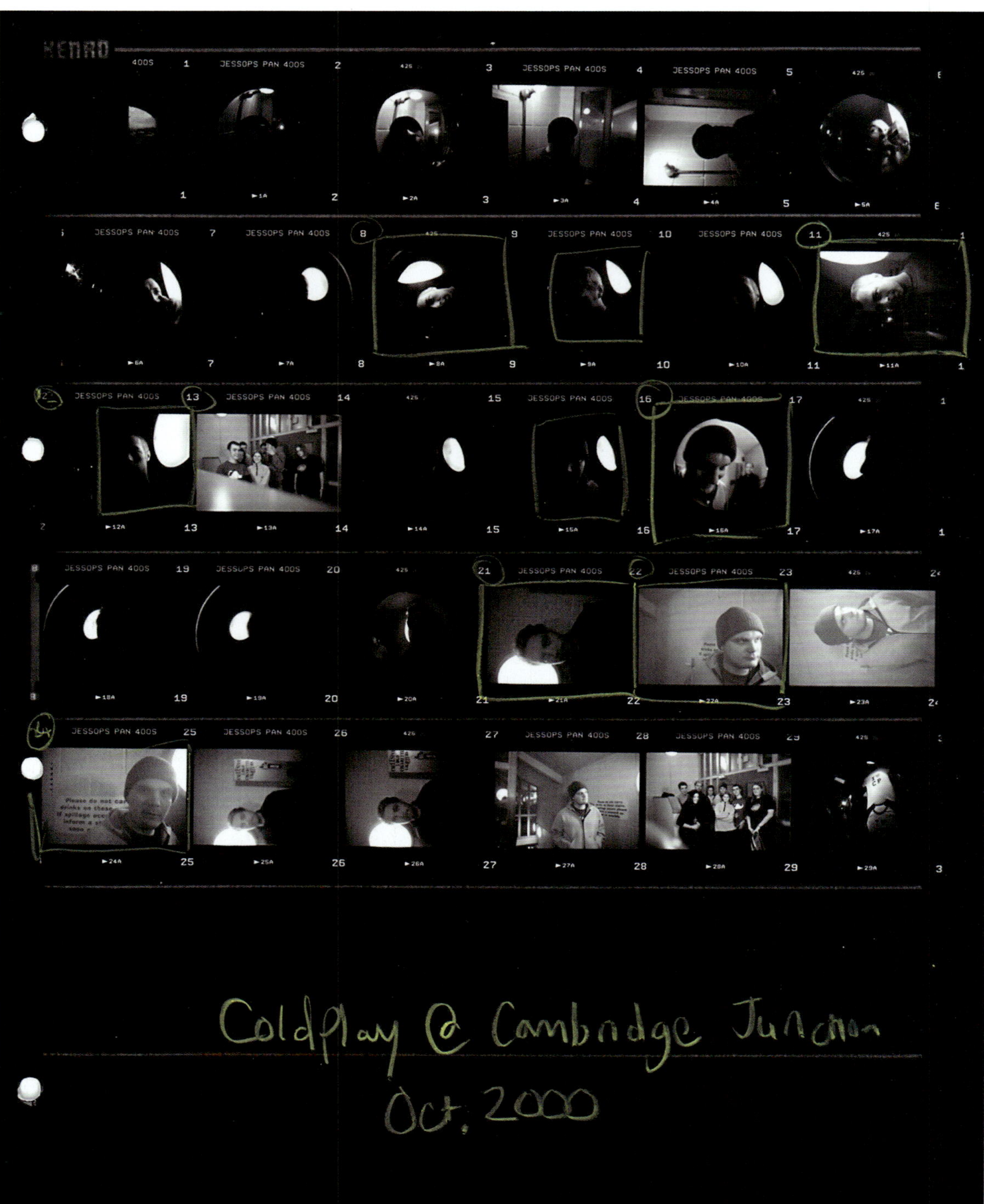

KENRO
Coldplay @ Cambridge Junction
Oct. 2000

음악 저널리스트인 크리스 새먼(이후 콜드플레이의 웹사이트 편집자가 된다)은 이렇게 말했다. "어떤 밴드든 멋진 곡 하나씩은 갖고 있다는 속설이 있어요. 콜드플레이 경우엔 'Yellow'가 그런 곡이죠. 하지만 앨범을 들으면서 히트곡 하나만을 남기고 사라질 밴드란 생각은 안 들었어요."

Parachutes가 차트 1위에 오를 때 스티브 라마크는 미국에 있었다. "라디오 1의 DJ 자리를 물러나야 할지 고민하던 시기였어요." DJ가 이어서 말했다. "무명 때부터 좋아했던 밴드가 1위에 올랐으니 그렇게 기쁜 일이 어디 있겠어요?"

뎁스 와일드는 핵심 팀원들이 모인 자축 파티에 합류했다. "우리는 샴페인과 소형 라디오를 들고 프림로즈 힐에 갔어요. 거기에서 라디오로 차트 프로그램을 틀었죠. 차트 결과는 며칠 전부터 이미 알고 있었지만 상관없었어요. 그런데 놓쳐서 생방송으로 못 들었어요. 어쨌든 Parachutes가 단번에 1위에 오른 건 대단한 경험이었죠."

변화

과도한 성공에는 그만큼 책임이 따르는 법이다. 필 하비는 어느새 영국 최고 밴드의 매니저가 되고 말았다.

Parachutes 앨범 발매 전까지 필이 공연 날 하던 일은 '캠든 로드에서 공연장으로 장비를 실어다줄 택시 두 대를 예약하는 것, 조니의 페달에 쓸 배터리를 구입하는 것, 공연장에 돌아다니면서 팬들의 이름을 하나하나 언급하며 인사하는 것, 관객 중에 음악 관계자가 있는지 열심히 찾는 것, 10파운드를 더 주냐 마냐를 놓고 음반 기획자와 한 시간 동안 싸우는 것' 등이었다.

Parachutes가 발매되자 필은 죽을 지경이었다. "앨범이 나오자마자 1위에 올랐고, 저는 갑자기 하루에 16시간씩 일을 하게 됐죠. 전화기 3대가 끊임없이 울렸어요." 필이 말했다. "직원도 없었어요. 혼자서 다 했죠. 거의 1년 동안 아드레날린 과

다 분비 상태였어요. 나중에야 알았어요. 세계적인 밴드들 뒤에는 조직적으로 지원해주는 팀이 있다는 걸…… 저처럼 혼자서 창고 같은 사무실에서 일하는 게 아니라."

결국 필은 캐럴라인 엘러레이의 추천으로 에스텔 윌킨슨을 어시스턴트로 고용했다. 필은 그제야 어깨의 짐을 내려놓고 숨을 돌렸다.

"에스텔은 시작부터 어시스턴트 이상의 활약을 했어요. 비즈니스에 능한 인재였죠. 체계적으로 일하는 법을 알았어요." 필이 말했다. 이후 그녀는 공동 매니저로 승진한다.

윌킨슨은 투어와 예산 관리에도 관여하면서 필, 음반사, 제프 드레이와 조직적으로 일했다. 윌킨슨은 훌륭한 인재였지만 한 명의 영입으로 과한 업무로부터 필을 구출해내기에는 역부족이었다.

"정말 고독한 시기였습니다." 필이 말했다. "스스로 긍정적인 사람이라고 생각했기 때문인지 충격이 컸어요. 정신적인 문제는 누구한테나 닥칠 수 있다는 걸 깨달았죠."

옆 케임브리지 정션 쇼에서 찍은 사진들의 밀착 인화지. 2000년 10월.
아래 크리스, 대니 맥나마라(오른쪽 끝), 트래비스와 스타세일러의 멤버들. 미국에서 촬영.
맨 아래 팬들에게 크리스마스 선물로 나눠준 Mince Spies 희귀본 CD.

Mince Spies

멤버들은 따로 팬클럽이 있으면 좋겠다고 생각했던 적이 없다. 팬들이 음반, 티켓, 굿즈를 사는 데 이미 충분한 돈을 지불했기 때문에 그 이상의 지출을 유도하는 것은 좋지 않다고 여겼기 때문이다. 그래서 2001년 말에 팬들이 거의 직접 운영한 팬클럽인 '콜드플레이 그라운드'는 짧은 활동 뒤에 해산했다. 밴드는 두 번째 앨범을 녹음하던 시기에 한정판 CD 1,000장을 찍었다. 타이틀은 Mince Spies였고, 크리스마스 선물용으로 제작됐다. 'Have Yourself a Merry Little Christmas'와 'Yellow'의 리믹스 버전 두 곡이 수록되어 있다.

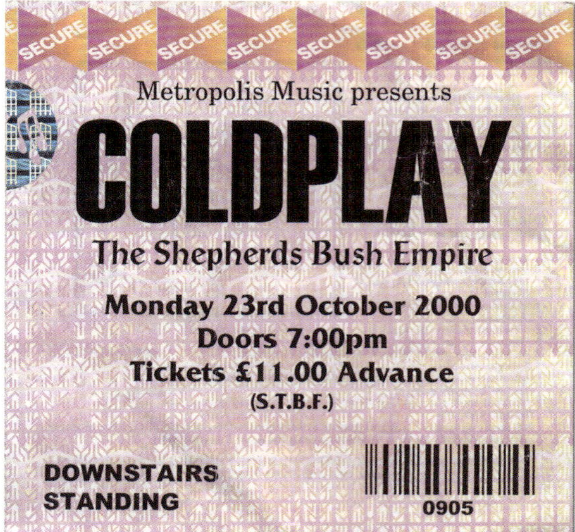

미국의 장벽

미국의 영향력 있는 라디오 방송국인 KROQ는 콜드플레이를 일찌감치 발견했다. "KROQ에서 뜬금없이 우리 노래를 틀어줬어요. 우리에겐 행운이었죠. 북미에서는 그게 촉매제가 됐어요." 필이 말했다.

"'Yellow'는 미국 라디오에서 틀기 딱 좋은 노래죠." KROQ의 DJ 닉 하코트가 말했다. "미국 사람들을 움직이려면 그런 게 필요해요. 'Yellow'라는 곡엔 특별한 무언가가 있어요." 하코트 외에도 다수의 미국 DJ들이 콜드플레이를 좋아했다. 머지않아 Parachutes 앨범의 곡들이 미국 라디오에서 자주 흘러 나왔다.

그런데 한 가지 문제가 있었다. 콜드플레이는 미국에서 음반 계약을 아직 맺지 않은 상태였다.

팔로폰의 북미 자회사인 캐피틀 레코드는 밴드에게 큰 관심을 보이지 않았다. 팔로폰은 전화 회담에서 앨범이 얼마나 좋

은지, 세계인들이 얼마나 콜드플레이에게 주목하고 있는지 캐피틀 측에 피력했지만 별 소용이 없었다. "우리는 걱정이 됐어요. 난감했죠." 레너드가 말했다. 그는 밴드 멤버들과 불편한 대화를 해야만 했다.

머큐리 뮤직 프라이즈

미국 진출에는 차질이 생겼지만 Parachutes는 영국과 유럽에서 활개를 쳤다. 급기야 밴드는 2000년 머큐리 뮤직 프라이즈 최종 후보자 명단에 올랐다. 수상은 못했지만(배들리 드론 보이가 수상) 후보에 오른 것만으로도 의미는 컸다. 2주가 지난 2000년 9월 26일, 런던의 밀레니엄 돔(지금은 O2 아레나) 안에 있는 2,000석 규모의 공연에 콜드플레이는 깜짝 출연진 세 팀 중 하나로 선정됐다.

배우 겸 코미디언인 사이먼 페그도 공연장을 찾았다. 크리스는 페그에게 다가가 자신이 BBC의 빅 트레인을 즐겨본다고 말하며 그의 팬임을 고백했다. "스티브 쿠건의 집에서 'Yellow' 뮤직비디오를 봤는데 정말 좋았다고 말했어요." 페그가 말했다. "우린 잠깐 잡담을 나눴죠. 크리스가 아내 모린과 나를 셰퍼드 부시 엠파이어 공연에 초대했어요."

멤버들의 친구이자 BBC 라디오 DJ인 이디스 보먼도 이 시기에 콜드플레이가 주목받았던 걸 기억하고 있었다. "'Shiver'를 듣고 콜드플레이를 처음 알게 됐어요, 노래를 들으면서 정신이 얼얼해졌죠. MTV 소속 상사와 친구를 데리고 셰퍼드 부시 엠파이어에 공연을 보러 갔는데 첫 곡을 듣자마자 빠져들었어요. 감동을 받았죠. 흥분이 됐고 가슴이 미어졌어요. 라이브로 보니 콜드플레이가 얼마나 뛰어난 밴드인지 확신할 수 있었어요."

페그는 초대에 응했다. "뒤풀이 자리에서 크리스가 현금을 뽑으러 가야 한다고 해서 따라갔어요. 파티 장소에 사람이 너무 많아서 힘들었다고 하더라고요. 인기가 많아지고 공연장 규모도 점점 커지는 게 스트레스가 됐던 거죠. 셰퍼드 부시 엠파이어는 2,000명을 수용하는 공연장이거든요. 그래서 대화를 나누며 기분을 풀었죠. 우리 집에 가서 〈위드네일과 나〉라는 영화를 봤던 걸로 기억해요. 그 아파트로 이사를 간 지 얼마 안 됐을 때 일이죠. 이후에도 그런 식으로 자주 놀러 왔어요." 페그와 콜드플레이 멤버들은 지금까지도 가깝게 지내고 있다.

팔로폰은 미국에서 Parachutes 앨범을 출시할 방법을 모색하고 있었다. 캐피틀과 제휴 회사인 네트워크Nettwerk 뮤직은 미국에서 앨범을 출시하기에 좋은 창구로 보였다.

결과적으로 캐피틀이 콜드플레이를 거절한 것이 네트워크 입장에선 행운이었다. 네트워크의 CEO인 테리 맥브라이드는 밴드를 열정적으로 좋아하고 신뢰했다. 그를 막을 사람은 아

무도 없었다. "제대로 된 집을 찾았구나 싶었죠." 워젠크로프트가 회상했다.

미국의 네트워크 뮤직 그룹은 우선 밴드에게 필요한 최소한의 것들을 제공했다. 그때 인연을 맺은 데이브 홈즈는 지금도 밴드 매니저로 일하고 있다. 2000년 10월 3일, 미국에 있던 홈즈는 콜드플레이와 만나기 위해 영국으로 갔다. 밴드는 옥스퍼드 브룩스 대학에서 공연을 마친 참이었다. 콜드플레이가 처음 만난 미국 쪽 음악 관계자가 바로 홈즈였던 것. 그들은 백스테이지에서 대화를 나누며 금방 가까워졌다. "콜드플레이에게 필요한 건 북미 시장이 어떻게 돌아가는지 아는 사람이었어요." 홈즈가 말했다. "공동 매니저로 일하자고 제가 네트워크 뮤직에 제안했어요. 이후 데이브 홈즈와 아주 가깝게 지냈죠. 홈즈는 네트워크에 있는 아군이었어요. 미국 쪽은 홈즈가 꽉 잡고 있었죠." 필이 말하자 홈즈가 덧붙였다. "같이 한 첫 5년 동안 주로 한 일은 저의 경험을 공유하는 거였죠. 그런데 큰 그림에 국한돼 있었어요. 필, 에스텔을 포함한 이들에게 미국 쪽 상황을 알려줬죠. 그때 밴드 멤버들도 모든 것이 어떻게 돌아가는지 배우는 단계였어요. 이제는 제가 없어도 원활하게 돌아가죠. 오히려 저에게 묻는 것보다 '이번엔 이렇게 해보겠다'며 제안을 주는 경우가 더 많아요. 다들 노련해졌죠."

이제 밴드는 미국에 음악을 퍼뜨릴 수 있는 기회를 보장받았다(Parachutes는 2000년 11월 7일에 미국에서 발매됐다). 홈즈는 본능적으로 어마어마한 성공을 예감했다. "첫 번째 앨범을 듣자마자 크게 성공할 걸 알았어요. 전율을 느꼈죠. 시작은 영국에서 했지만…… 정말 빠르게 퍼져나갔죠."

힘들게 할 생각은 없었어 NEVER MEANT TO CAUSE YOU TROUBLE - 'Trouble'

Parachutes의 세 번째 싱글인 'Trouble'(원래 제목은 'Spiderwebs'였다)은 2000년 10월 26일에 발매됐다. 뮤직비디오는 소피 멀러가 감독을 맡았는데(초창기 뮤직비디오를 많이 맡았다), 톤과 콘셉트 모두 어두웠다. 'Trouble'은 이전 싱글들과는 느낌과 톤이 많이 달랐다.

싱글의 역할이 본 앨범을 팔기 위한 것으로 인식하는 미국 시장에서는 그 차이가 더 도드라졌다. "라디오에서 도움을 많이 받긴 했지만 그때까지 히트한 싱글이 없었어요. 그동안 싱글 차트 성적만 놓고 보면 항상 1등만 했던 건 아니거든요." 홈즈가 말했다.

'Trouble' 뮤직비디오는 미국 시청자들이 보기에 너무 음울했다. 그래서 훨씬 밝은 분위기로 새로 제작됐다. 감독은 팀 호프가 맡았다. 애니메이션과 실사가 혼합된 이 뮤직비디오는 2002 MTV 비디오 뮤직 어워드에서 최우수 예술 감독상을 받았다.

위 2000년 런던. 머큐리 뮤직 프라이즈에서의 공연. 수상은 배들리 드론 보이가 했다.
옆 셰퍼드 부시 엠파이어 공연에서 사용된 각각 다른 날의 티켓.

아래. 2000년과 2001년에 사용된 각종 티켓과 전단지.

콜드플레이는 11월에 Top of the Pops에 한 번 더 출연했다. 필에게는 잊지 못할 경험이었다.

"Top of the Pops에 출연해서 U2와 합주를 했어요. 최고의 하루를 보냈죠. 음악계에 입문할 때부터 늘 우상처럼 생각해온 U2의 매니저 폴 맥기니스가 저한테 인사를 하더니 기타리스트 디 에지를 소개해줬어요. 뭔가 존경심을 표할 수 있는 말을 하려고 했는데 디 에지가 먼저 말을 꺼냈어요. '당신이 필 하비군요. 며칠 전에 신문에서 봤습니다.' 그땐 정말 기분이 묘했어요."

2000년 말, 크리스 새먼은 런던의 지역 문화 잡지인 《Time Out》에 실릴 인터뷰 때문에 밴드와 회의를 했다. "밴드가 성공하자 언론의 관심이 쏠렸고 멤버들은 적응하려고 노력했어요. 무슨 말을 하면 문맥과 상관없이 자극적인 문구로 바뀌어서 뉴스거리가 되곤 하죠. 그래야 신문이나 잡지가 잘 팔리니까요. 하지만 멤버들에게 너무 조심스럽게 말할 필요 없다고 말했어요. 팬들은 인터뷰가 아니면 멤버들의 이야기를 접할 기회가 없으니까. 물론 SNS가 등장하면서 상황은 완전히 달라졌죠. 하루아침에 성공을 하면 어린 뮤지션들 입장에선 적응하는 게 쉽지 않아요. 누구도 2000년에 콜드플레이가 그토록 성공할 거라고 예상하지 못했어요."

결과적으로 2000년, Parachutes는 영국에서 877,449장이 팔렸다. 발매된 지 23주 만이었다. 연간 차트에서는 11위를 기록했다.

화려함의 이면

2001년이 되자 콜드플레이는 영국 최고의 음악 시상식인 브릿 어워드에서 두 부문에 후보로 선정됐다. 그리고 2월에 있었던 시상식에서 두 개의 상을 모두 받았다. 한편 멤버들이

아래 1999년 무렵, 전문적으로 촬영된 콜드플레이의 초창기 사진.

> **❝ 행복의 절정을 느껴야 마땅한 시기에 오히려 죽음이 가깝게 느껴졌어요. ❞** 필

원쪽 브릿 어워드에서의 수상. 이날 콜드플레이는 'Trouble'을 연주했다. 2001년 2월 26일, 이글스 코트.
옆 미국 투어 포스터. 시애틀과 포틀랜드.

행복의 절정을 만끽하던 순간에 그들의 친구이자 매니저인 필이 쓰러지기 일보 직전이었다. "죽을 것 같았어요. 밴드가 베스트 앨범상, 베스트 그룹상을 수상했는데 제 머릿속에는 잠 좀 자고 싶다는 생각밖에 없었어요."

뎁스 와일드는 행사 당시 BMG 퍼블리싱 관계자들과 함께 앉아 있었다. "발표자의 입 모양이 콜드플레이의 C를 발음하려는 순간 저는 자리에서 벌떡 일어났어요! 인생 최고의 순간이었죠. 너무 자랑스러웠어요. 그런데 필이 그렇게 힘들어했다는 건 전혀 몰랐어요."

에스텔 윌킨슨은 필의 건강이 악화됐음을 알고 있었다. "전화로 일을 그만둬야겠다고 말했어요. 의사는 몸 상태로 봐서는 쓰러지지 않은 게 놀랍다고 했고요."

필은 기약 없이 일을 그만두었다. "2001년 초에 몸과 정신이 한계까지 왔다는 걸 알았어요." 필이 말했다. "너무 아파서 몇 달 쉬어야 했죠. 포기할 생각도 했어요. 저 자신이 나약하다는 생각이 들었죠."

업무의 많은 것들이 바뀌었다. 윌킨슨은 필이 하던 영국 쪽 일을 맡았고 홈즈는 미국 일을 맡았다. 밴드는 다시 투어를 떠났는데, 그 또한 이전과는 여러모로 달랐다. 이제는 미국을 순회할 차례였다.

"미국을 공략하려면 미국식으로 투어를 해야 한다고 조언했어요. 멤버들은 그 말을 잘 이해했죠." 데이브 홈즈가 말했다. "멤버들은 젊었기 때문에 잘 적응했어요. 중견 밴드라면 그렇게 수월하지는 않았을 거예요."

"그때까지 우리 모두 밴을 타고 투어를 하는 거에만 익숙했죠." 오랜 시간 조니의 기타 기술 담당으로 일한 맷 맥긴이 말했다. "저와 크루들(대부분은 아직도 함께 일한다)은 그렇게 큰 규모의 투어는 해본 적이 없었어요. 그런데 콜드플레이가 유

명해지고 나서 멤버들만큼 우리도 당황했죠. 다들 신나고 들뜬 분위기였어요. 멤버들은 마음만 먹으면 경험이 풍부한 크루들로 싹 교체할 수 있었어요. 그런데 그러지 않았어요. '다 같이 가자!'고 했죠. 너무 설렜지만…… 겁도 났어요."

미국 투어를 하면서 밴드는 확연히 달라졌다. 2001년 초에는 클럽, 소규모 어쿠스틱 세션, US 라디오 페스티벌 등에서 공연을 했는데, 그때까지도 무대에서 수줍어한다는 꼬리표가 따라다녔다. "하드 록 밴드 사이에 끼어서 공연하는 경우가 많았어요. 무대에 물건을 집어 던지는 관객도 있었죠. 신발이 날아다니는 걸 많이 봤던 거 같아요." 제프 드레이가 말했다. 크리스도 당시를 회상했다. "관객 중에 헤비메탈 마니아들이 있었어요. 우릴 정말 싫어했죠. 끔찍했어요."

미국 투어는 체력과 의지가 뒷받침되어야 했다. 한번은 유독 썰렁했던 공연을 마치고 크리스가 투어 버스에 탑승했다. 그는 두 가지 선택지가 있다고 생각했다. 하나는 짐을 싸서 집에 가는 것이었고, 하나는 스스로를 내려놓고 '다른 사람들을 인정'하는 것이었다. "이런 생각을 했어요. 우리는 인류 역사상 가장 위대한 밴드. 매번 사람들의 인생을 바꿀 수 있는 공연을 하자. 사람들이 무언가를 느낄 수 있는 음악을 만들자. 부끄러워하지 말자. 사람들이 무대에 있는 우리를 믿지 못한다면, 어떻게 그들이 음악을 즐기길 기대할 수 있겠는가?"

애틀랜타의 태버내클에서 헤드라인으로 무대에 선 멤버들은 스스로를 내려놓기로, 자신들이 믿는 음악에 모든 것을 던지기로 작정했다. 밴드에게는 분수령이 되는 순간이었다. "우리는 관객 한 명 한 명이 인생 최고의 시간을 보낼 수 있도록 혼신을 다했어요." 크리스가 말했다.

WE LIVE IN A BEAUTIFUL WORLD
COLDPLAY
THEend 107.7
the Stranger
SEATTLE
FEBRUARY 9
SHOWBOX
7PM/21 AND OVER/TIX AT TICKETMASTER 206-628-0888
94.7 NRK
PORTLAND MERCURY
PORTLAND
FEBRUARY 10
ROSELAND
8PM/ALL AGES/TIX AT FASTIXX 503-224-TIXX
MONQUI
PRESENTS
monqui.com

GUY
BERRYMAN

가이 베리먼

베이시스트이자 작곡가인 가이 베리먼은
콜드플레이의 정신적 지주다.
지칠 줄 모르고 그루브를 탐구하는 그는 음악과 관련된
무한에 가까운 지식과 특유의 열정으로 무장되어 있다.
가이는 외모로도 수많은 팬들의 마음을 흔든다.
"사진 촬영이 있으면 늘 가이를 앞에 세우려고 하죠."
크리스의 증언이다. "가이는 우리의 포장지 같은 존재예요.
달력 판매량을 책임지고 있어요."
하지만 가이의 매력은 이것이 전부가 아니다.

소울의 추종자

"12살 때 처음 베이스를 쳤어요." 가이는 스코틀랜드에서 보낸 유년기를 회상했다. "모타운 음악, 제임스 브라운, 펑크, 소울 등 베이스라인이 강조된 곡들을 많이 들었죠. 학교 밴드가 공연하는 모습을 보고 나서 저도 그 무대에 서고 싶다고 생각했어요." 가이는 다른 멤버들과 비교했을 때, 어린 시절부터 그루브가 강조된 음악의 영향을 더 많이 받았다. 그는 10대 때 제임스 브라운, 쿨 & 더 갱, 핑크 플로이드, 린 콜린스, 마세오 파커, J.B's를 들으며 많은 시간을 보냈다고 한다. 가이가 소울과 펑크에 큰 애정을 갖고 있다는 사실은 잘 알려져 있다. 그의 집에 가면 희귀 레코드가 한가득 있는데, 그 수는 계속 늘어나고 있다고 한다. "아직 제일 좋아하는 곡을 못 찾았거든요." 가이가 설명했다.

1978년 4월 12일생인 가이는 12살까지 파이프주에 있는 커콜디에서 자랐다. 학교 밴드에서 트럼펫과 드럼을 연주한 것이 악기와 맺은 첫 인연이었다. 평소 왼손잡이지만 악기를 연주할 땐 오른손잡이가 된다는 것을 그때 알게 됐다. 처음 결성한 밴드 이름은 타임아웃이었는데, 그 무렵 가이는 음악을 공부하고 연주하는 것이 인생에서 가장 중요한 일이라는 걸 깨달았다. "늘 음악에 관심이 있었어요. 학교 밴드에 처음 들어간 건 13살 때였죠." 하지만 가이는 여느 학생 밴드처럼 뻔한 레퍼토리를 연주하는 걸로는 성이 차지 않았다. 그는 음악을 더욱 전문적으로 공부할 수 있는 길을 모색했다. "다들 스미스나 스톤 로지즈 같은 밴드를 좋아했어요. 하지만 전 나에게 딱 맞는 음악을 찾고 싶었죠. 일종의 반항심이었어요." 타임아웃은 가이가 최초로 음악적 재능을 발산할 수 있는 창구였다. 다른 멤버들은 가이가 창의력을 발산할 수 있도록 돕는 역할을 했다. "타임아웃 멤버는 네 명이었어요. 제네시스 곡을 어설프게 편곡해서 연주했죠. 기타와 키보드가 들어간 밴드였는데 정말 엉망이었어요. 밴드에서 제일 잘하던 친구가 제네시스의 광팬이었어요. 프로그레시브 록이랍시고 몇 시간을 끙끙대며 말도 안 되는 솔로를 만들곤 했어요. 끝까지 잘 못했어요. 원곡을 소음 수준으로 망쳐버렸으니까요." 드럼에도 재능을 보였던 가이는 첫 공연 때 필 콜린스의 'Another Day in Paradise'에서 스틱을 잡았다. "보컬은 없었어요. 대신 색소폰 주자가 멜로디를 연주했죠."

음악과 학업

1996년, 콜드플레이의 네 멤버는 UCL에 입학하면서 각자의 고향을 떠나 대도시로 갔다. 사실 그들 모두 공부보다는 밴드를 결성하는 데 관심이 더 많았다. 가이는 자신의 창의력을 발산하고 싶어서 엔지니어링을 선택했다. "너무 싫어서 전공을 그만두고 건축과로 옮겼죠. 근데 그것도 그만뒀어요." 다

위 뎁스가 찍은 가이의 공연 사진. 맨체스터 로드하우스, 1999년.
아래 2002년 6월 28일, 콜드플레이의 첫 글래스턴베리 헤드라인 무대 전 백스테이지에서 휴식 중인 가이. 이 사진 역시 뎁스가 찍었다.

른 멤버들이 졸업할 때까지 가이는 로컬 펍에서 바텐더로 일하며 월세를 냈다. 가이는 자신의 최고 관심사가 음악이라는 것을 명확히 알고 있었고, 조니, 윌, 크리스를 만나면서 학업을 멀리하게 됐다.

크리스 푸프는 UCL 재학 당시 가이를 회상했다. "가이는 조용한 친구였어요. 기숙사 안에서도 인적이 드문 '파리 블록 Paris Block'에 방이 배정됐죠. 나머지 밴드 멤버들은 '뉴욕 블록'에 있었고 가이만 떨어져 있었어요. 한마디로 아웃사이더였죠. 하지만 인사이더들이 존재를 다 알고 있는 아웃사이더였어요. 방에 근사한 악기들이 잔뜩 있었고 레코드도 많아서 소문이 났던 거죠. 말수가 아주 적었어요. 중요한 말을 할 때

> **❝ 우리는 쓰레기를 만드는 데 재주가 있었어요. 하지만 하면 할수록 크리스한테 마법 같은 힘이 있다는 걸 느꼈죠. ❞**
>
> 가이

위 랭커셔주의 카운티 크리켓 클럽에서 연주하는 가이. 2009년 9월 12일
아래 도쿄의 무도관에서 연주하는 가이. 2006년 7월 18일 Twisted Logic 투어 당시.

만 입을 열었죠."

네 명의 우정은 신입생 때 형성됐다. 하지만 가이와 크리스는 친해지는 데에 시간이 조금 더 걸렸다. "우리는 뇌 구조가 비슷해요. 하지만 겉으로 표현되는 건 전혀 다르죠." 크리스가 말했다. "처음 만났을 땐 가이의 성격을 잘못 파악했어요. 생긴 것처럼 무서운 친구는 아니더라고요. 다정다감한 친구였어요. 가이는 밴드에서 제일 어두운 멤버예요. 다들 분위기 있는 친구라고 생각하죠. 부드럽다고 하는 게 낫겠네요."

콜드플레이의 갑작스런 성공은 멤버들에게 큰 충격을 줬다. "서서히 경험을 쌓아가는 게 아니라 수직으로 상승했죠." 가이가 말했다. 그는 네 명 중 화려한 조명을 받는 것을 가장 좋아하지 않는 멤버다. "처음에는 크리스가 관심을 독차지해서 질투가 났어요. 하지만 그게 얼마나 번거로운 일인지 알고부터는 질투심이 사라졌어요."

유명세의 부작용과는 별개로, 가이는 밴드의 성공에 감사하는 마음을 갖고 있다. 오늘날까지도 그를 움직이는 원동력이다. "정말 믿기지 않는 여정이었죠. 때로는 이걸 직업이라고 부르는 게 맞나 싶어요. 열정으로 하고 있으니까요. 우리는 출근할 때 매일 셔츠를 입고 넥타이를 매지 않아도 돼요. 그냥 돌아다니면서 밴드로 존재하면 되죠."

위　2012년 11월, 뉴질랜드 오클랜드. Mylo Xyloto 투어 당시 연주하고 있는 가이.
옆　Ghost Stories 아트워크에 서명 중인 가이.

이제 가이는 밴드와 떨어져서 자신만의 시간을 가지며 다른 형태의 창작에 몰두하고 있다. "인생에서 가장 중요한 건 열정이에요. 전 재산을 잃는 것보다 끔찍한 건 잠에서 깼을 때 자신이 사랑하는 것 때문에 설레지 않는 거라고 생각해요."

다양한 도전

가이는 무한한 열정의 소유자다. 그의 창의력은 음악에만 국한되지 않는다. 밴드가 성공하면서 그는 클래식 자동차를 수집할 수 있게 됐다. 그 외에도 사진 찍고 디자인하는 것을 즐기며, 음악 프로듀서로 활동 영역을 넓히기까지 했다. 뿐만 아니라 미술과 패션에도 조예가 깊고, 최근에는 골동품에도 관심을 갖기 시작했다. 마라톤까지 한다. 가이는 언젠가 자신이 야생에서 찍은 사진들을 엮어 책으로 내고 싶어 한다. "건축을 전공할 때 사진을 배웠어요. X & Y 투어 때 정말 열심히 사진을 찍었죠. 어디를 가든 카메라를 가져가요."

가이의 '음악에 대한 근본적인 사랑'은 렌즈 너머의 삶을 발견하는 것뿐만 아니라, 프로듀서로서 역량을 키우는 데에도 도움이 됐다. "창의력을 발산할 때만큼 기쁠 때는 없어요. 콜드플레이와 할 때든 다른 아티스트와 할 때든 마찬가지예요. 그냥 스튜디오에 있는 게 너무 좋아요."

2011년에 가이는 더 피어시스의 앨범 You & I를 프로듀싱했다(릭 심슨과 다크톤스라는 이름으로 공동 프로듀싱). 피어시스의 프로젝트를 진두지휘하며, 가이는 프로듀싱까지 재능을 넓혀나갔다. "저와 릭, 피어시스 멤버 둘, 이렇게 4인조는 콜드플레이 스튜디오와 뉴욕의 일렉트릭 레이디 스튜디오를 오가며 열심히 작업했어요. 이 정도로 열심히 음반 작업을 해본 적이 없었어요. 새로운 기술을 배워야 했죠. 밴드 멤버가 아닌 프로듀서로서 어떻게 말해야 하는지를. 이 경험 덕에 제 분야에서 좀 더 잘할 수 있게 된 거 같아요." 그 외에도 가이는 아하의 멤버 마그네 푸루홀멘, 보컬 겸 기타리스트인 조나스 비제르, 드러머 겸 프로듀서인 마틴 테레페와 함께 아파라트직Apparatjik을 결성해서 2010년에 We Are Here, 2012년에 Square Peg in a Round Hole, 두 장의 앨범을 발매했다.

뎁스 와일드가 바라본 가이

"단순히 '잘생긴 베이시스트'라는 말로 한정 짓기에 가이는 너무나 훌륭한 인간이다.

사람들은 그가 조용하고 부끄러움이 많을 거라고 생각한다. 하지만 가이는 예리하게 관찰을 하다가 잽싸게 위트를 발휘하는 타입이다.

지금껏 무대 위에서 익살스런 모습을 많이 보여왔지만 그런 모습과 달리 시간을 가치 있게 보내는 법과 기회가 찾아왔을 때 최선을 끌어내는 법을 잘 알고 있다.

나는 함께 일하는 아티스트들이 학업을 잘 마칠 수 있도록 격려하는 편이다. 하지만 가이가 UCL에서 자퇴했을 때는, '그래. 어차피 가이가 가려는 길에 학위 따위 필요 없어!'라고 생각했다.

가이에 대해 얘기할 땐 '소울'이라는 단어가 자주 언급된다. 물론 그가 좋아하는 장르여서 그렇지만, 나에게 가이의 영혼soul이란 선함과 너그러움을 연상시킨다.

사실 그 부분은 콜드플레이의 모든 멤버가 갖고 있는 부분이다."

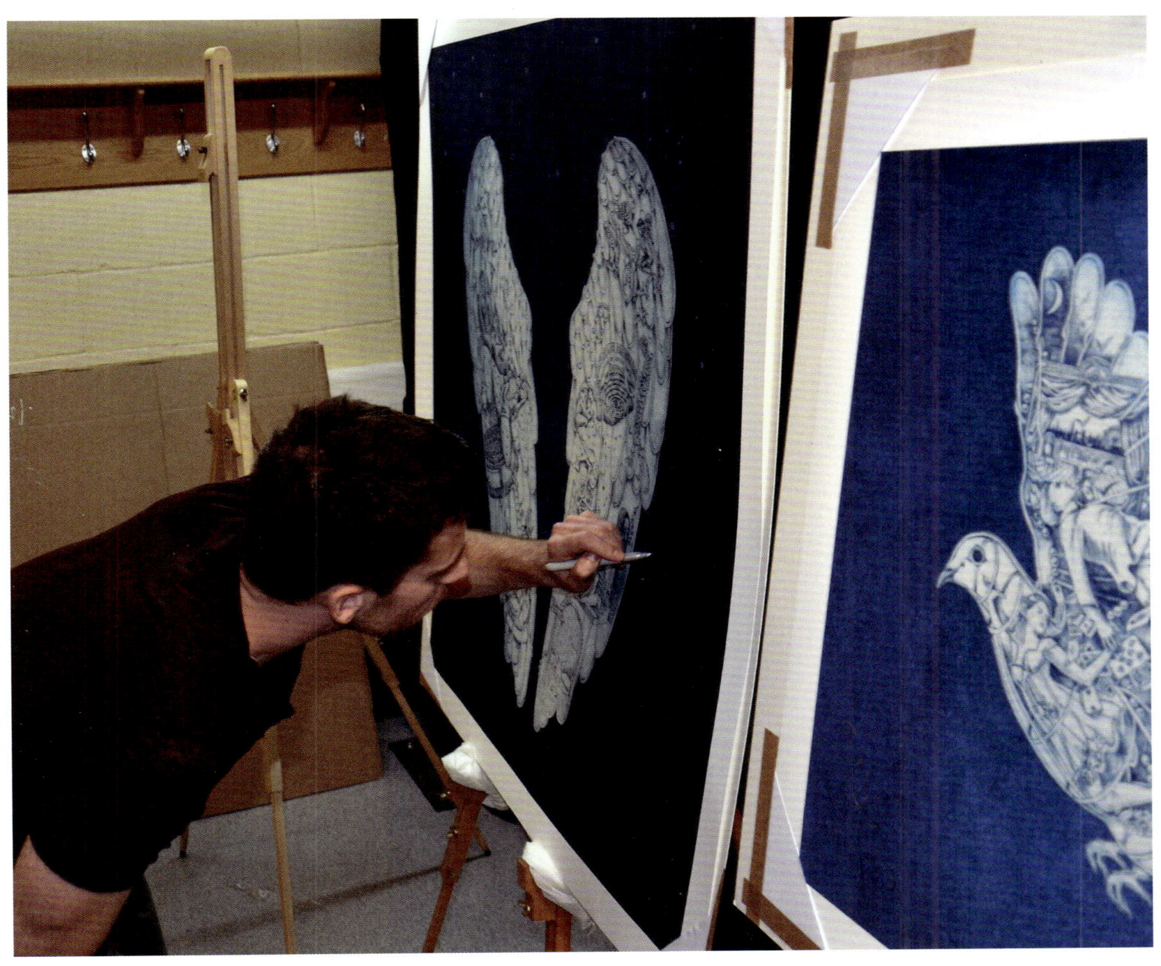

SCIENCE AND PROGRESS

과학과 진보

'The Scientist'

Parachutes의 인기를 등에 업은 A Rush of Blood to the Head는 밴드에게 더 큰 부와 명예를 안겨줬다. 콜드플레이는 어느새 월드 투어를 하는 밴드가 됐다.

모두가 자기 자리를 찾아야 한다EVERYONE MUST FIND A PLACE – 'Politik'

2001년 2월, 브릿 어워드에서 베스트 앨범상과 베스트 그룹상을 수상한 콜드플레이는 자신감이 극에 달했다(그리고 1년 후, 밴드는 그래미에서 베스트 얼터너티브 앨범을 수상했다. 크리스는 수상 소감에서, "그래미 상을 받아서 너무 기쁩니다. 이건 말도 안 돼요. 난센스라고요. 하지만 상을 받았으니 좋은 난센스네요"라고 밝혔다). 한편, 네 멤버는 자신들에게 '독이 될 수도 있는' 두 번째 앨범을 제작하면서 매사 예민한 잣대를 스스로에게 적용해야 했다. 졸지에 영국 최고의 밴드가 된 것에 대해 크리스는 이렇게 이야기했다. "우리 자신을 운 좋게 성공한 학생 무리라고 생각할 것인지, 아니면 미친듯이 잘한다는 걸 스스로 받아들일 것인지 정해야 했어요." 한 가지 확실한 건, 이미 했던 걸 '복사해서 붙일' 생각은 추호도 없었다는 것이다.

"Parachutes와 비슷한 앨범을 만들면 무슨 재미가 있겠어요. 아무도 안 좋아할 거예요. 뮤지션으로서 우리의 역량을 향상

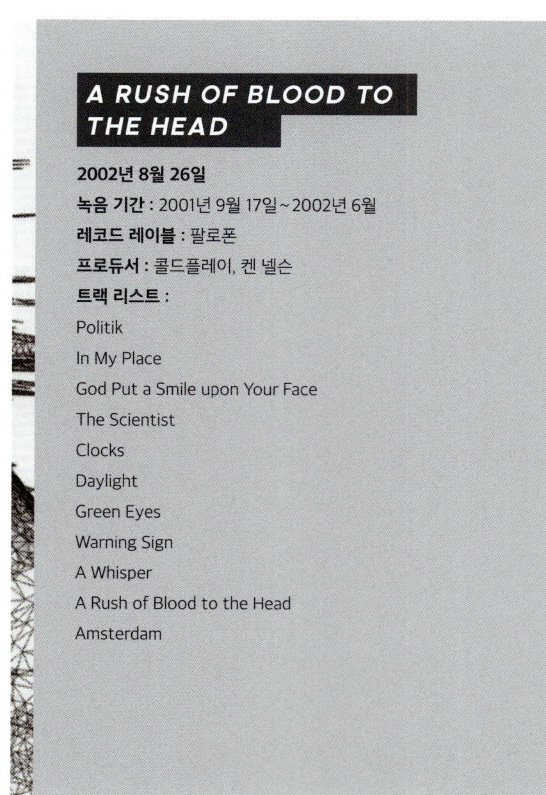

위   옥스팜의 공정 무역 캠페인 홍보 엽서.

> **" 나는 이제 밴드를 위해 물러날게. 이제부터 너희는 진짜 매니저가 필요할 거야. "**
>
> 필

> **❝** 매일 식은땀을 흘리며 '우리 앨범을 아무도 안 좋아하면 어떡하지?'라고 생각하면서 깼어요. 이번 앨범에 우리의 영혼, 감성, 사랑을 다 녹여 넣었어요. 이제 결과를 기다리는 일만 남았죠. **❞**
>
> 크리스

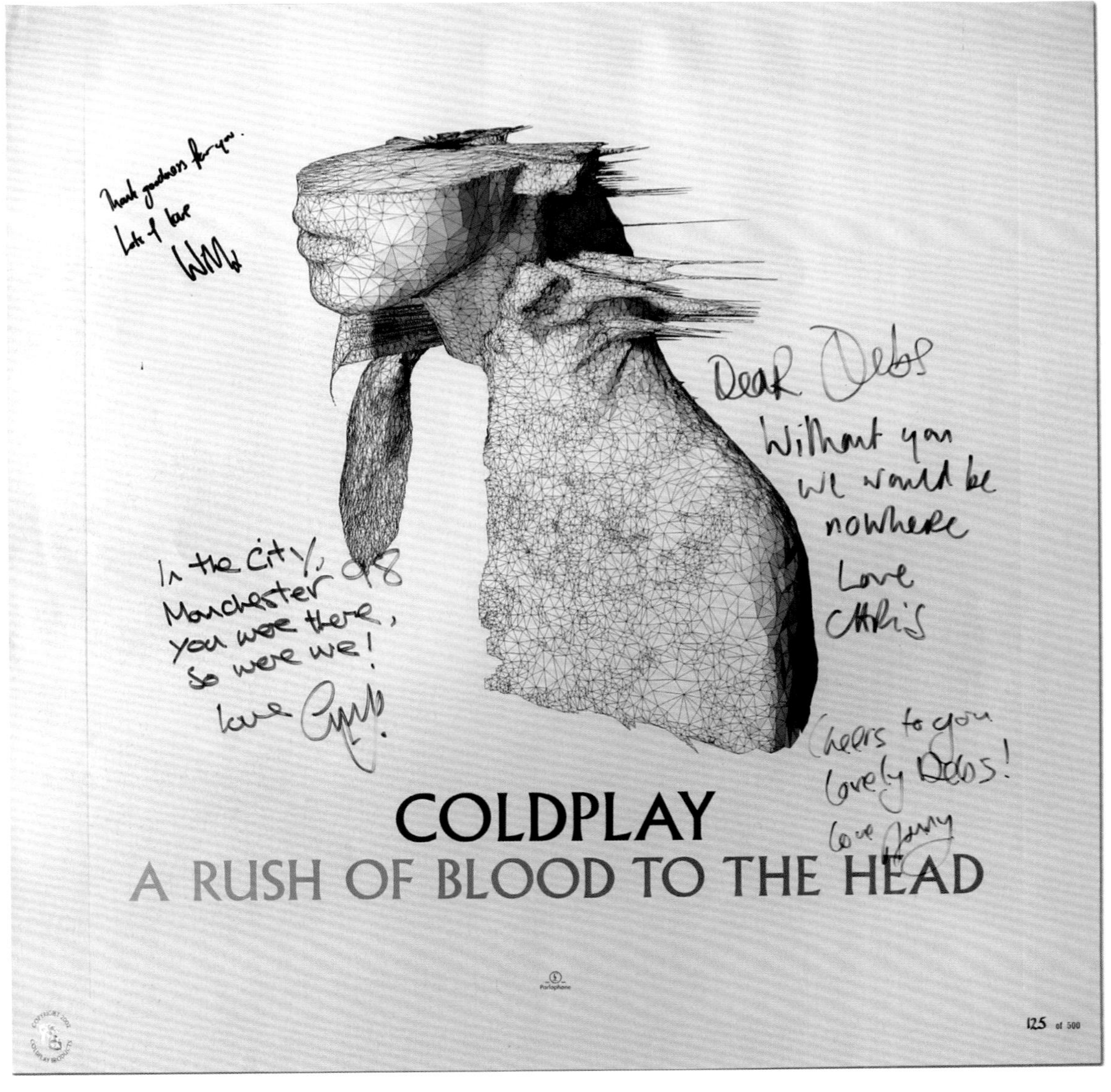

옆 2002년 2월 27일, 그래미 어워드에서 윌, 가이, 조니가 Parachutes 앨범으로 베스트 얼터너티브 앨범상을 수상하고 있을 때 크리스는 영국의 스튜디오에 남아 있었다.

위 멤버들의 사인이 들어간 A Rush of Blood to the Head 앨범 표지 인쇄본. 뎁스 와일드의 소장품으로 앨범의 성공을 기념하며 제작됐다.

시키는 게 중요했어요." 크리스가 말했다.

Parachutes와 A Rush of Blood to the Head의 발매 사이에 세상은 극적으로 변했다. 9/11이 발생하면서 하루아침에 모든 것이 바뀐 것이다. 뉴스, 문화, 정치, 경제, 음악, 미술 할 거 없이 뭐 하나 영향을 받지 않은 것이 없었다.

"앨범도 당연히 9/11의 영향을 받았죠." 크리스가 말했다. "윌은 그 시기, 그 순간에 본인이 느끼는 대로 곡이 써졌고 해요. 곡이 우리를 찾아왔는데 어디에서 왔는지 모르는 경우도 있죠. 당시 저는 세상이 처한 상황에 화가 나 있었어요. 그래서 이 곡이 난데없이 튀어나왔죠. 우린 모두 거칠게 악기를 쳤어요. 연약하거나 즐거운 감정 따위는 없었죠." 그 곡이 'Politik'이다.

밴드는 새 앨범을 준비하기 위해 런던 프로미스 힐에 있는 메이페어 스튜디오를 예약했다. 한편 켄 넬슨과 프로덕션 스태프인 마크 피티언은 잠시 다른 일이 있어서 처음부터 참여하지는 못했다. 대신 스튜디오 측은 프리랜서 엔지니어인 릭 심슨을 불러 밴드를 돕게 했다.

심슨은 작업 첫날 무심하게 스튜디오에 들어섰는데, 마침 크리스가 그랜드 피아노를 연주하며 'Politik'을 부르고 있었다. "마치 공연을 보는 것 같았어요. 제가 거기에 있는 줄도 몰랐던 거 같은데……" 릭 심슨은 녹음 기간 내내 스튜디오 안팎에서 열심히 일했고, 그 이후에도 협력자로 남아 있다.

"필이 저한테 말했어요. 'Politik'이라는 제목의 노래가 하나 있으면 좋겠는데?' 그렇게 해서 노래가 만들어졌죠. 'Politik'은 개개인이 믿는 정치관에 관한 곡이길 바랐어요." 크리스는 계속해서 말했다.

"9/11처럼 큰 사건에 영향을 안 받는 사람이 어디 있겠어요? 이러다 우리 모두 죽는 거 아닌가라는 생각이 곡을 만드는 출발점이었죠. 앨범이 전체적으로 그런 느낌이에요. '이게 당신의 마지막 식사일지도 모르니 아주 맛있는 한 끼를 만드세요'라는 주제가 앨범을 관통하고 있어요." 크리스가 열변을 토하자 가이도 동의했다. "이 곡은 1번 트랙이 아닌 다른 곳에 넣을 수가 없었어요. 공연을 시작하는 곡으로도 이 이상은 없죠." Parachutes 때와 마찬가지로 곡을 만들고 녹음을 하는 과정은 순탄치 않았다.

대략의 곡은 나왔지만 정작 '이거다' 싶은 곡이 없었다. "스튜디오에 곡 재료를 가져오는 게 의무처럼 느껴졌어요. 앨범

옆 배스 파빌리온 공연 전 백스테이지에서 조니. 글래스턴베리 웜업 투어 중.
아래 2003년 12월 19일, 런던. A Rush of Blood to the Head 앨범 사진 촬영이 시작되길 기다리며 솔베 선즈보의 작품 앞에서 포즈를 취한 크리스와 조니.

한 장을 만들 정도의 재료가 거의 모였죠. 그런데 뭘 들고 와도 나머지 멤버들에게 거절당하기 일쑤였어요." 크리스가 회상했다. "조니가 기타 파트를 연주할 때 '저건 녹음해야 된다. 우리가 쓴 곡 중에 최고다'라고 생각했어요."

가이는 그렇게 간단히 곡이 만들어졌다고 생각하지 않았다. "'In My Place'는 힘들게 녹음했어요. 2년 동안 라이브로 연주하던 곡이거든요. 정작 스튜디오에 앉아서 녹음을 하려니 어떤 소리를 만들어야 하는지 모르겠더라고요."

Parachutes 투어 막바지에 밴드는 새로운 곡들을 테스트 삼아 연주했다. 'In My Place'도 그런 곡 중 하나였다. 'God Put a Smile upon Your Face', 'Animals', 'Harmless', 'A Rush of Blood to the Head', 'Murder', 'Warning Sign', 'Amsterdam', 'Idiot', 'A Ghost' 같은 곡들도 앨범에 실리기 전 관객들을 먼저 만났다. 몇몇 곡들은 멤버들의 동의하에 앨범에 실렸고, 그렇지 않은 곡들은 버려졌다. 크리스는 꾸준히 곡을 만들면서도, 그해 글래스턴베리 페스티벌에 헤드라인으로 서기로 한 것에 부담을 느끼고 있었다.

"말도 안 됐죠." 필이 말했다. "마이클 이비스가 우리를 글래스턴베리 헤드라인으로 초청했어요. 1집밖에 안 낸 햇병아리 밴드한테 세계 최고의 록 페스티벌 헤드라인을 맡기다니 제정신이 아닌 거죠. 그래서 앨범을 앞당겨 내야 했어요. 2집도 없이 글래스턴베리 헤드라이너로 서는 건 비논리적이잖아요."

문득 멤버들은 런던을 떠나고 싶었다. 그들에게 런던은 어느새 보금자리가 되어 있었다. 하지만 콜드플레이는 일상에서 벗어나고 싶었다. "런던이 지겨웠어요." 윌이 말했다. "우리가 녹음한 걸 다 들어봤는데 마음에 안 드는 부분이 너무 많았어요. 괜찮은 곡도 있었지만 대부분은 별로였죠. 방해 요소가 많은 런던에서 벗어나 녹음에만 집중하고 싶었어요."

멤버들은 굳게 마음을 먹고 서둘러 리버풀로 떠났다. "파 스트리트는 초창기부터 멤버들에게 중요한 곳이었죠. 정말 집처럼 편했어요. 스튜디오 이상의 의미가 있었죠." 마일스 레너드가 말했다. "도착하자마자 작업을 하고 싶어서 근질근질 했어요." 윌이 말했다.

A Rush of Blood to the Head는 2002년 6월 발매를 잠정적으로 계획하고 있었다. 데드라인 날짜가 지나가자 밴드와 음반사는 압박을 느끼기 시작했다.

크리스는 앨범이 만족스럽지 않아서 새로운 곡을 쓰는 데에 몰두했다. 대부분의 곡들이 녹음 과정 막바지에 만들어지며 앨범의 모양새를 바꿔놓았다. "'The Scientist', 'Clocks', 'Daylight'는 리버풀에서 짧은 시간에 만들어지고 녹음됐어요. 어디서 튀어나왔는지도 몰라요. 그런 곡들을 만들었다는 게 믿기지 않았어요."

"녹음 작업이 끝나갈 때였는데, 뭔가 부족하다고 크리스가 말

했던 게 기억나요. 피아노가 리드하는 곡이 필요하다고 했죠. 며칠 후에 크리스가 'The Scientist'를 들려줬어요. 거기에 조니가 기타를 입혔죠." 넬슨이 회상했다. 앨범 재킷에 실린 해설에 의하면 'The Scientist'는 댄 킬링을 염두에 둔 것이라고 한다. 이유는 명확히 밝히지 않았지만, 크리스는 댄이 당시에 겪은 가슴 아픈 실연을 소재로 곡을 썼다고 했다. 킬링은 처음 그 곡을 들었을 때 기분이 더 나빠졌다고 한다.

필은 새로 쓴 곡 중 하나인 'Clocks'도 앨범에 수록하자고 계속해서 주장했다. "필이 데모 하나를 더 녹음하라고 했어요. 앨범에 넣으면 좋을 것 같다고 했죠." 넬슨이 말했다.

앨범 출시일이 한 번 더 미뤄지는 바람에 'Clocks'는 앨범에 실릴 수 있었다. 댄 킬링은 에어 스튜디오에서 'Clocks'를 들었던 순간이 일을 하면서 가장 좋았던 기억이었다고 말한다. 'Clocks'는 46회 그래미 어워드에서 올해의 레코드를 수상했다.

조니는 그해 글래스턴베리의 헤드라인으로 서기 직전에 녹음하던 시기를 회상했다. "꽤 오래 걸렸어요. 7개월 동안 스튜디오 세 군데를 옮겨 다녔죠. 데드라인을 놓친 이후 마지막 한 달은 다들 예민해졌어요." 언론사들은 앨범 발매 지연에 관한 기사를 다뤘다. "미디어에서 뭐라 말하든 별로 신경을 안 써요. 결과적으로 좋은 음반을 만들었다는 게 중요한 거잖아요." 가이가 말했다.

필이라면 어떻게 했을까?

마침내 A Rush of Blood to the Head의 녹음 마지막 날이 됐다. 밴드 멤버들은 런던의 에어 스튜디오에 있었다. 이날은 공교롭게도 필이 밴드와 결별 의사를 밝힌 날이기도 하다.

"멤버들은 저를 붙잡고 싶었을지도 몰라요." 필이 당시에 대해 말했다. "그렇게 느꼈어요. 버려진 기분이 들었을 거예요. 사기가 많이 떨어졌죠. 당연한 반응이었는지도 몰라요. 썩 유쾌한 대화는 아니었죠. 꽤나 극적이었어요. 전 매니저이기도 하지만 크리스와 가장 친한 친구였으니까요. 친구가 나락으로 떨어지는 걸 보는 기분이 어땠겠어요? 저의 공백을 데이브 홈즈와 에스텔 윌킨슨이 자연스럽게 채워줬죠." 필은 주저하지 않고 두 사람이 공동 매니저가 되는 것을 추천했다. "에스텔은 모든 것에 능숙했어요." 윌킨슨은 자리가 본인에게 과분하다며 당황스러워했다. 그녀는 필이 반드시 돌아오리라 믿었고, 스스로를 임시 공동 매니저로 생각했다. 에스텔은 중요한 결정을 해야 할 때마다 '필이라면 어떻게 했을까?'를 생각했다고 한다.

에스텔은 필이 안식 기간을 가졌기 때문에 MMF 올해의 매니저 상을 놓쳤다고 생각하며, 오늘날까지도 그것만 생각하면 화가 난다고 한다. 하지만 필은 자신의 결정이 옳았다고 믿는다.

밴드는 코앞에 닥쳐온 3년 만의 글래스턴베리 복귀 무대를 준비하느라 쉴 틈이 없었다. "앨범 작업이 덜 끝나서 페스티벌 참여를 취소하려고 고민하던 시기가 있었어요." 윌이 말했다.

결국 글래스턴베리에 오르기 전에 몸 풀기 차원의 미니 투어를 하기로 결정했다. 신곡들을 라이브로 연습할 수 있는 좋은 기회였다.

처음에는 멤버들의 출신지인 5개의 도시, 에든버러, 리버풀, 바스, 포츠머스(이후 취소됨), 트루로가 선정됐고, 거기에 런던(데이비드 보위가 큐레이터로 참여한 멜트다운 페스티벌)이 추가됐다. 신곡들은 처음 대중들에게 소개됐다. "우리가 페스티벌의 헤드라인을 하는 게 영 적응이 안 됐어요. 진짜 자신감이 생긴 건 시간이 좀 지나고 켄티시 타운 포럼 공연에서였어요. 아마 제가 떠나기 바로 전날이었을 거예요." 필이 말했다.

새 앨범에 대한 엄청난 기대감이 글래스턴베리를 감싸고 있었다. 언론도 콜드플레이를 주목했다. 'In MY Place'는 처음으로 라디오 전파를 탔고, 밴드는 《NME》와 《Q》의 표지를 장식했다. "3주 연습한 게 다였어요." 조니가 말했다. "하지만 합주에만 전념할 수 있었던 건 Parachutes 앨범 작업 이후 처음이었죠. 그래서 안심이 됐어요. 마음에 드는 앨범이 나올 수 있게 정말 최선을 다했어요." 가이가 말했다.

글래스턴베리 - 3부 : 최초의 헤드라인 공연

글래스턴베리 페스티벌의 피라미드 스테이지에 서는 것은 어떤 밴드에게든 큰 사건이다. 2002년 6월 30일, 글래스턴베리에 처음 선을 보인 지 불과 3년 만에 콜드플레이는 헤드라인

위 방콕에서 보낸 휴가. 2003년 7월. 왼쪽부터 맷 맥긴, 밀러, 가이, 조니, 댄 그린.

'THE SCIENTIST'

2002년 10월 4일 'The Scientist' 뮤직비디오가 MTV에서 처음으로 방영됐다. 뮤직비디오는 켄티시 타운, 본 우드 등 다양한 장소에서 촬영됐으며, 감독인 제이미 트라비스의 주장에 따라 'Yellow' 이후 다시 한번 크리스 혼자 출연하는 것으로 결정됐다.

"처음엔 밴드를 출연시키지 않고 전문 연기자를 출연시켜서 이야기 구조로 찍으려고 했어요. 그런데 크리스의 연기가 의외로 너무 좋은 거예요. 하지만 크리스는 회의적이었어요. 싸구려처럼 보일까 봐 걱정하고 있었죠." 트라비스가 말했다.

역방향으로 움직이는 영상을 찍는 건 크리스와 감독에게 쉽지 않은 일이었다. 결국 트라비스는 정방향으로 촬영해서 역방향 재생을 하는 연출 기법을 선택했다.

"크리스는 몇 달 동안 가사를 거꾸로 노래하는 걸 연습했던 거 같아요." 트라비스가 회상했다.

스트레스도 따랐지만 전반적으로 재미있는 작업이었다. 트라비스는 결과에 만족했다. 역방향으로 재생했을 때 보는 사람들이 내용을 이해할 수 있도록 공을 들였다고 한다.

자동차 사고가 나는 장면이 있어서 공중파에서 자주 방영되지는 않았지만, 뮤직비디오는 US 비디오 뮤직 어워드에서 3개의 상을 받았다.

아래 'The Scientist' 뮤직비디오 촬영 현장에서 크리스, 배우 일레인 캐시디, 제이미 트라비스 감독.

> **" 글래스턴베리 때문에 너무 긴장돼요. 멤버들 모두 그럴 거예요.
> 이렇게 큰 공연은 처음이거든요.
> 근데 관객이 한 명도 없으면 어떡하죠? "**
>
> 조니

을 장식하게 됐다. 다른 멤버들은 서둘러 공연장에 가고 싶어 했지만 크리스는 보컬 코치인 매리 해먼드와의 일정을 소화 했다. 크리스는 당시에도 목소리 훈련을 중요하게 생각했다. 보컬 트레이닝을 받는 것은 공연 전 그가 치르는 의식의 일부 였다. 얼마 후부터 보컬 트레이너는 밴드와 함께 투어 일정을 소화하게 됐다. 멤버들 모두 투어에 임하기 전 정신적으로 무 장했다. 글래스턴베리는 너무나도 중대한 기회였기 때문이다. 윌은 당시를 회상했다. "죽을 각오로 임했죠. 처절하게 실패 하든가, 성공적으로 공연을 마치고 더 나은 밴드로 거듭나는 가의 기로였어요. 다행히 결과는 후자였죠."

그의 말대로 멋진 공연이었다. 무대 효과로 쓰인 초록색 레이 저는 수천 킬로미터 떨어진 곳에서도 볼 수 있었다.

공연 내내 드럼 뒤에 앉아 있던 윌은 레이저 외엔 아무것도 안 보였다고 한다. 한편 조니는 이렇게 회상했다. "'Clocks'를 연주할 때 공연이 성공했다는 걸 직감했어요."

"2002년 글래스턴베리 때 콜드플레이가 무대에 오르던 게 생 각나요. 도착하자마자 가까이에서 보려고 무대를 향해 달려 갔죠. 어쩌다 보니 그날 밤 잠은 차에서 잤어요." 이디스 보먼 이 회상했다.

콜드플레이의 투어 매니저인 제프 드레이는 공연이 주는 압 박감이 심했다고 한다. "크루들은 죽을 지경이었어요. 우리 중 누구도 그렇게 큰 공연에서 일해본 경험이 없었거든요. 필 은 어쿠스틱 곡인 'Life Is For Living'을 마지막에 넣자고 했 어요. 크리스가 그 곡의 마지막 코드를 연주하자 숨죽여 듣던 관객들이 함성을 질렀죠. 그 순간 모든 스태프들은 공연이 대 성공이란 걸 느꼈어요."

"할 수 있는 곡이 Parachutes에 실린 곡들과 새 앨범에 실린 쇼케이스 곡들뿐인데 헤드라인에 선 건 정말 용기 있는 행동 이었죠. 저는 제일 앞에서 공연을 봤는데 너무 긴장이 됐어요. 그런데 'Politik'으로 막을 여는 순간 특별한 기분이 들었죠.

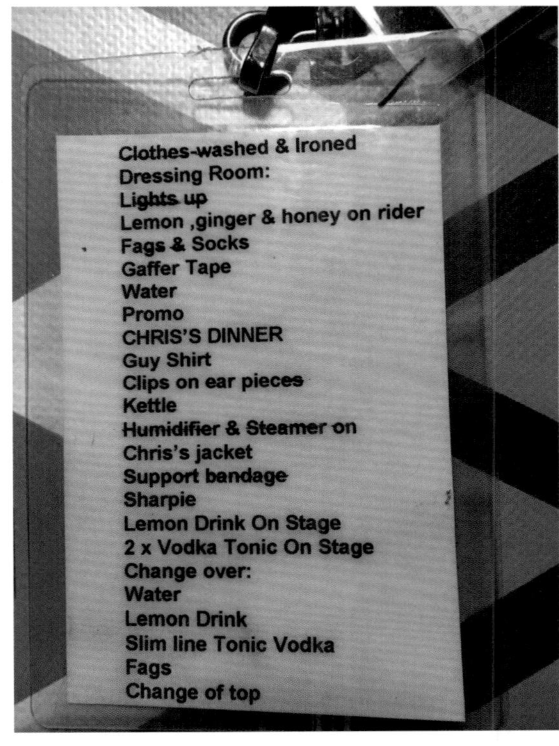

개인적으로 'The Scientist'가 하이라이트였다고 생각해요. 아 마 다른 관객들도 그렇게 느꼈을 거예요." 키스 워젠크로프 트가 덧붙였다.

댄 그린도 그날 공연을 떠올렸다. "'Politik'이 울려 퍼질 땐 '정말 엄청난 순간이구나' 싶었어요. 그 공연 이후 뭐든 할 수 있겠다는 자신감이 생겼죠."

세상 밖으로 나온 앨범

"우리 집 소파에 누워서 A Rush of Blood to the Head의 초 반 홍보용 카피를 들었던 게 기억나요. 완전히 넋이 나가버 렸죠." 크리스 새먼은 2002년 6월을 회상했다. "대박이 난 앨범 직후에 초대박을 내기는 정말 어렵죠. 하지만 콜드플레 이는 그걸 해냈어요. 성층권으로 날아올랐죠. 이 노래들을 들 어봐요."

A Rush of Blood to the Head 공식 발매까지 두 달이 남은 시

공정 무역 캠페인 Make Trade Fair

콜드플레이의 이타적 행보는 스트레스가 극에 달한 앨범의 마무리 작업 시기에 시작됐다. 그들은 오늘날까지도 그러한 가치를 소중히 여긴다. 2002년 4월 11일, 옥스팜은 전 세계적인 공정 무역 캠페인을 시작했다. 런던 트래펄가 광장에서 무료 공연이 열렸는데, 당시 크리스는 'Many Rivers To Cross'를 불렀다. 음악과 더불어 정치인들의 연설도 있었다. 콜드플레이는 2년 동안 홍보 대사로 위촉됐다. 2년이 지난 후에도 그들은 신념에 의해 계속해서 공정 무역을 지지하고 있다. 크리스는 A Rush of Blood to the Head의 녹음과 발매가 있던 시기에 손등에 maketradefair.com을, 피아노 옆면에 'Make Trade Fair'라고 써서 공정 무역의 중요성에 대한 메시지를 전달했다. 밴드 멤버들은 이 캠페인을 통해 에밀리 이비스(글래스턴베리의 창시자 마이클 이비스의 딸)와 친분을 쌓았다. 2002년 크리스와 에밀리는 아이티 섬으로 가서 옥스팜의 홍보 및 모금 활동에 기여했다.

위　옥스팜이 개최한 공정 무역 캠페인 공연 당시 로디 움블, 램의 멤버 루로즈, 사이먼 페그, 크리스, 조니. 런던 아스토리아. 2002년 10월 29일.
아래　아스토리아 공정 무역 캠페인 공연 무대에 오른 크리스와 노엘 갤러거.

점에, 글래스턴베리 페스티벌을 이제 막 소화한 콜드플레이는 유럽과 미국 투어를 시작했다.

음반이 다 만들어지자 밴드는 릭 심슨에게 라이브 공연에 사용할 백킹 트랙backing tracks 작업을 도와달라고 부탁했다. 댄 그린은 설명했다. "Parachutes 앨범에선 네 명이 연주하는 게 다예요. 백킹 트랙이 없죠. A Rush of Blood to the Head는 프로듀싱 방향이 달랐어요. 신시사이저도 많이 들어갔고, 사운드에 차별성을 주는 요소들도 추가됐죠. 릭과 함께 이 시스템을 구축했어요. 앨범에 사용된 효과들을 가져다가 초창기 디지털 기계에 다 저장해놨죠." 심슨은 작업을 마친 후 몇 달 동안 투어에 동행했다.

'In My Place'는 2002년 8월 5일에 발매됐다. 이 곡은 출시와 함께 영국 차트 2위에 등극했는데, 이는 그때까지 콜드플레이의 싱글 중 가장 높은 순위로 진입한 것이었다.

2002년 8월 26일, A Rush of Blood to the Head가 발매됐다. 안도감과 동시에 심한 불안감이 찾아왔다. "매일 식은땀을 흘리며 '우리 앨범을 아무도 안 좋아하면 어떡하지?'라고 생각하면서 깼어요. 우리의 영혼, 감성, 사랑을 다 녹여 넣었어요. 결과를 기다리는 일만 남은 거죠." 크리스가 말했다.

공동 매니저인 에스텔 윌킨슨도 그 시기를 떠올렸다. "그렇게 엄청난 일들이 벌어지는데 정작 희열을 느낄 수가 없었다는 게 아쉬워요. 오히려 안도감에 더 가까웠죠. 큰 성공을 거둘 수 있어서 너무 다행이었어요. 밴드의 기대치는 이미 너무 높아진 상태였죠. 멤버들은 자신들이 무엇을 이루고 싶은지 정확히 알고 있었거든요."

콜드플레이는 최상의 것을 만들기 위해 늘 노력했다. 윌은 분명 이렇게 말할 것이다. "안 그럴 거면 뭐 때문에 이 짓을 해요?" 수많은 나라에서 1위를 차지하면 기쁨은 잠시뿐, '그럼 1위를 하지 않은 나라는 어디지?'라는 생각이 뒤따라 밀려오게 마련이다.

윌은 앨범 발매를 돌이켜보며 일기장에 이렇게 적었다. "더 이상 바꿀 수 없다는 걸 안 이후부터 앨범을 듣지 않았다. 출

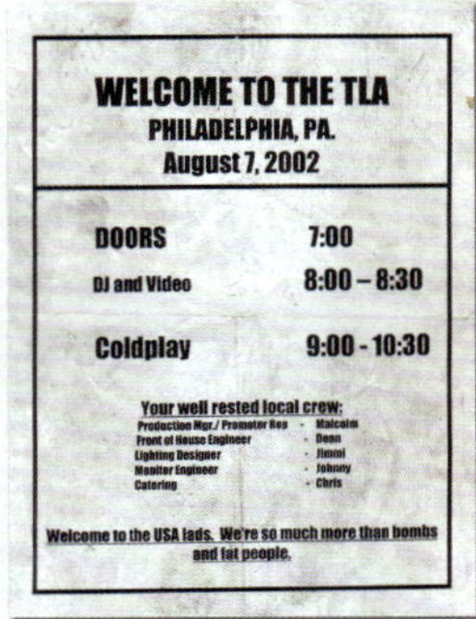

위 왼쪽 2002년 필라델피아 공연 시간표.
위 오른쪽 포럼 VIP 패스.
아래 아스토리아에서 열린 공정 무역 캠페인 콘서트 사진 인화지. 사이먼 페그, 크리스, 미스 다이너마이트.

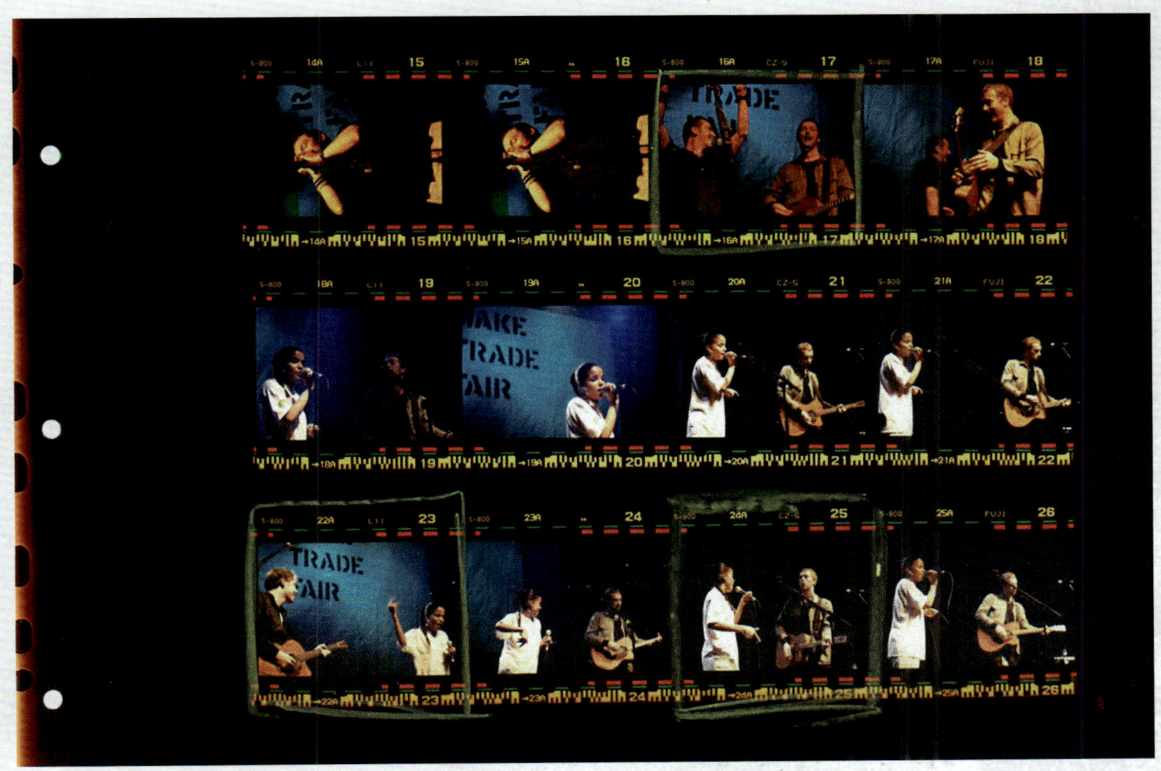

시를 기다리는 심정은 마치 시험 결과를 기다리는 기분과 비슷하다. 우리는 우리가 만든 것에 대한 자신감이 있다. 하지만 정말 최선을 다했는지는 알 수 없다. 전에 했던 음악과 다른 것을 내놓았는데도 사랑을 받아서 정말 다행이다. 오랫동안 그 고마움을 모르고 살았다."

필의 생일인 8월 29일, 짧은 미국 투어를 마치고 돌아온 콜드플레이는 가족, 친구들, 팬, 연예인들이 관람하는 가운데 런던 켄티시 타운의 포럼에서 공연을 했다. "켄티시 타운 포럼에서 공연을 할 때 마음이 편했어요. 신곡을 너무 많이 해서 죄송하단 말을 하지 않아도 됐던 건 그때가 처음이었어요. 편한 마음으로 최상의 공연을 했죠." 윌이 말했다.

그날 공연은 필이 밴드와 함께한 마지막 날이었다. "감정이 북받쳐 올랐죠. 다들 눈물을 흘렸어요. 저는 밴드에게 작별 인사를 하고 계획도 없이 세계 여행을 떠났어요. 마지막 도착한 곳은 호주 멜버른이었죠." 필이 말했다.

2002년 9월 1일 일요일, 콜드플레이의 두 번째 앨범이 영국 차트 1위에 올랐다. Parachutes의 첫 일주일 판매량인 75,000장을 단 하루 만에 갱신했고, 첫 주에 274,000장을 팔아치웠으며, 에미넴과 오아시스를 누르고 그해의 첫 주 판매량 1위를 기록했다.

앨범은 캐나다, 독일, 노르웨이 등 27개국에서 차트 1위에 올랐고, 미국의 주요 차트에서 5위를 기록했다. 이에 대해 크리스는 별 말이 없었지만 조니는 그렇지 않았다. "토트넘이 리그 1위를 달리고 있고 우리도 1위를 했어요. 내 인생 최고의 날이에요."

밴드는 런던에서 핵심 팀원들과 자축 파티를 열었다. 뎁스 와일드가 말했다. "저, 캐럴라인 엘러레이, 래미지는 프림로즈 힐에서 자축하던 때가 떠오른다며 기뻐했어요. 차이가 있다면 밴드 멤버들, 에스텔, 비키 테일러(밴드의 어시스턴트)가 합류했다는 거죠. 윌은 집에서 선데이 로스트(영국 가정에서 일요일 낮에 스테이크를 먹는 전통—옮긴이)에 참석하느라 못 왔어요. 돌이켜보면 정말 꿈속에서 일어난 일 같아요. 이제는 그렇게 못할 거 같아요. 마지막엔 펍에 갔는데 크리스가 저한테 오더니 '바텐더한테 가서 얘기해줘. 가게에 있는 모든 손님들한테 술 한 잔씩 사겠다고. 조용히 알려줘야 돼'라고 했어요. 그런데 펍 매니저는 조용히 알리기는커녕 벨을 울리더니 누가 술을 사는지 큰 소리로 말했죠. 어떤 사람이 와인 두 병을 주문하는 걸 보고는 제가 가서 못하게 했어요!"

멋진 앨범 표지는 수많은 이들의 시선을 끈다. 크리스는 《Dazed&Confused》라는 잡지에서 노르웨이 출신 작가인 솔베 선즈보의 작품을 보고 그 이미지를 앨범 재킷으로 쓰고 싶다는 의사를 전달했다. 크리스는 상징성 있는 이미지를 원했고, 나아가 싱글 앨범 표지까지 부탁했다. "멤버 네 명의 사진을 스캔해서 서로 다른 네 종류의 재킷을 제작하자고 제안했어요." 선즈보가 말했다. "앨범은 크게 성공했죠. 잘된 일이에요. 그 앨범에 지금보다 못한 이미지들이 실려 있는 걸 상상해보곤 해요. 생각할수록 유일무이한 재킷이죠."

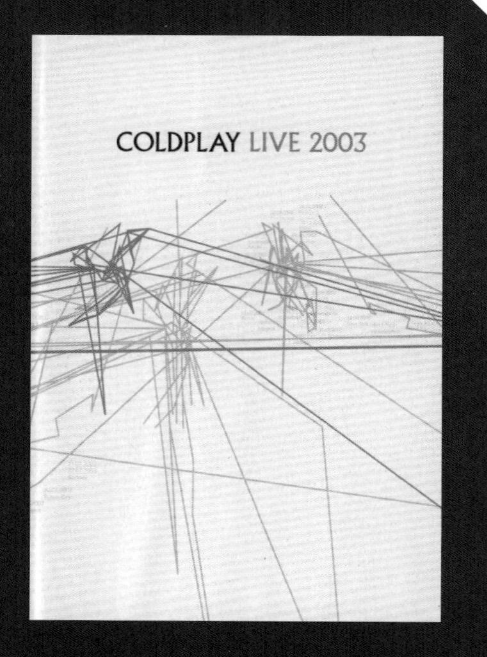

라이브 2003 DVD

A Rush of Blood to the Head 투어는 2003년 9월에 끝이 났다. 투어 일정 중 작은 공연장인 시드니의 호던 파빌리온에서의 공연 실황이 라이브 DVD로 제작됐다. "큰 공연을 찍지 않은 이유요? 다음에도 제작할 게 있어야 하니까요." 크리스가 말했다. "대형 공연장에서 우리를 보는 걸 안 좋아하는 사람들이 있거든요. 그래서 첫 DVD는 중간 사이즈 공연장으로 선택했죠."

DVD에는 무대 뒤에서 벌어지는 투어 다큐멘터리 영상도 수록돼 있다. 그중엔 2003년 6월 5일, 콜드플레이가 레드 록스 원형 극장에서 공연하는 내용과 더불어 그로부터 20년 전, U2가 같은 장소에서 자신들의 라이브 앨범 Under a Blood Red Sky를 제작하는 모습이 소개된다.

'콜드플레이 라이브 2003 DVD'는 2003년 11월 10일 발매됐다.

오른쪽 콜드플레이 라이브 2003 DVD 표지.

미국 정복

2003년에 콜드플레이는 미국, 캐나다, 유럽, 일본을 투어하며 힘든 일정을 소화했다. "2집으로 진정한 록 스타가 됐죠." 닉 하코트가 말했다. 록 스타 반열에 오른 콜드플레이는 대형 경기장에서의 공연을 앞두게 된다. 2003년 4월, 앨범 투어를 마친 콜드플레이는 고국으로 돌아와 영국 내 최대 규모 경기장인 얼스 코트 특설 무대에 섰다. 밴드로서는 큰 도약이었다.

콜드플레이는 훨씬 거대해진 무대 세팅으로 미국 투어를 시작했다. 이 기간을 살펴보면 그들이 얼마나 열심히 일하는 밴드인지 알 수 있다. "미국에서는 긴 이동 시간에 적응하는 게 관건인데 콜드플레이는 시작부터 그 점을 깨달았어요." 하코트가 말했다.

밴드는 월드 투어와 미국 특정 지역에서의 공연을 소화하며 새해를 시작했다. 이 무렵 멤버들은 무대 퍼포먼스에 눈을 뜨기 시작했다. 어떻게 해야 최상의 공연을 할 수 있는지 터득한 것이다.

"처음 밴드를 결성하고 조니 방에서 연주할 땐 다들 자신감이 넘쳤어요. 크리스는 늘 무대에 강했어요. 그런데 우리가 많은 관객 앞에서 정말로 자신감을 갖게 된 건 2집부터였죠." 윌이 말했다.

콜드플레이에게 미국은 반드시 넘어야 할 산이었다. 미국에서의 성공은 곧 세계적 관심으로 이어지기 때문이다.

"콜드플레이는 미국 투어를 정말 많이 했어요. 정말 열심히 했죠. 앨범이 아무리 좋아도 미국 곳곳을 돌아다니며 공연을

맨 위 멕시코시티 한 주점에서 조니와 개인 어시스턴트인 비키 테일러. 2003년.
중간 (가운데부터 시계 방향으로) 비키 테일러, 이언 래미지, 캐럴라인 엘러레이, 뎁스 와일드, 에스텔 윌킨슨. A Rush of Blood to the Head 발매와 동시에 차트 1위를 석권한 것을 자축하고 있다.
아래 왼쪽 백스테이지에서 장난치는 멤버들. 2003년, 멕시코시티.
아래 오른쪽 얼스 코트 공연 후 파티에서 사용된 통행증. 2003년.

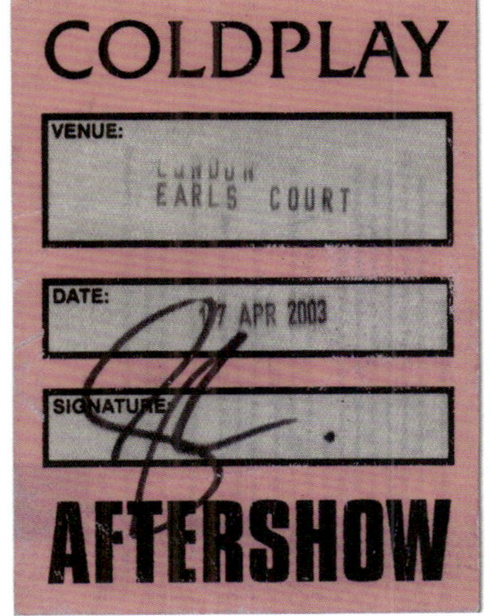

❝ 앨범 제목은 충동적으로 짓는 게 제맛이죠. 시간은
영원하지 않고, 언제까지나 친구들이 곁에 있지
않을 거란 걸 깨달았어요. 어떤 행동이든 기회는
단 한 번밖에 주어지지 않아요. 할아버지는 할 일이 있으면
지금 당장 하라고 하셨어요. 그게 뭐가 됐든 시간은
영원하지 않다면서요. **❞**

크리스

아래 2002년 런던, 인물 사진 촬영 중인 밴드 멤버들.

옆 2002년 7월, 잉글랜드 대 아르헨티나 축구 경기를 시청 중인 콜드플레이 멤버들.
잉글랜드가 1:0으로 이겼다.

하지 않으면 팔리질 않아요. 그건 진리죠." 댄 킬링이 말했다.
"멤버들은 유럽 공연을 늘 좋아했어요. 하지만 미국은 언제나
꿈의 땅이었고 반드시 넘어야 할 산이었죠. 우리는 시간을 투
자해서 다시 미국을 돌았어요. 멤버들은 왜 그렇게 긴 시간을
들여 애를 써야 하는지 이해하고 있었어요. 하지만 모두에게
힘든 일이었죠. 투어 도중 멤버들 간에 갈등도 종종 있었죠."
윌킨슨은 계속해서 말했다. "유럽은 한 달이면 돌 수 있어요.
하지만 미국에서 여러 투어를 한 직후에 유럽은 무리였죠. 다
들 그게 힘들다는 걸 알아요. 결국엔 한계점에 도달할 수밖에
없죠."
그의 말처럼 계속되는 투어는 결코 쉽지 않았다. 따라서 당시
의 힘들었던 미국 투어 이후부터는, 집을 떠난 후 3주 이상 투

어를 돌지 않는다는 내부 룰이 정해졌다.
스티브 스트레인지는 초창기 공연 당시 미국의 출연 계약
담당자인 마티 다이아몬드에게 콜드플레이를 소개했다. A
Rush of Blood to the Head의 성공에 힘입어 다이아몬드는
캘리포니아의 할리우드 볼에 이틀에 걸친 공연을 잡았다. 밴
드가 한 차원 높은 곳으로 도약할 수 있는 기회였다. 그 공연
으로 콜드플레이는 막강한 경쟁력을 갖게 될 것이 분명했다.

위 　홍보용 자수 패치.
중간 　뉴욕 매디슨 스퀘어 가든 공
연 티켓. 2003년 6월 13일.
아래 　WPLJ 라디오 방송국 프로모
션 공연. 2003년 6월 12일.

ROYAL FESTIVAL HALL

David Bowie's Meltdown 2002
COLDPLAY
PETE YORN
Media Partners Time Out & Radio 3

SATURDAY 22 JUNE 2002 at 8:00 PM

LEVEL 4
TERRACE   A7   £18.50   CHEQ
                                        STAN

위 런던 로열 페스티벌에서 열린
데이비드 보위의 Meltdown 2002
티켓.
중간 2002년 10월 20일자 런던
웸블리 경기장 티켓. 콜드플레이는
10월 21일에도 공연했다.
아래 A Rush of Blood to the
Head 홍보용 컵받침.

Block Row Seat
001 17 M 194
**
Enter by: RED SIDE
METROPOLIS MUSIC
presents

COLDPLAY

plus special guests

REAR SIDE VIEW
Sunday   20 October 2002   7.30pm
£19.50 Ticket Presented to Guest
   1 1075 181002 163251A

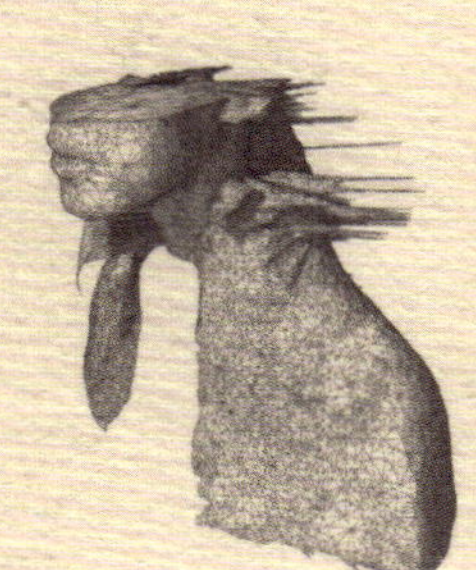

나아가 밴드는 곧 있을 뉴욕 매디슨 스퀘어 가든에서의 공연 계획을 밝혔다. 티켓은 한 시간이 채 안 돼서 매진됐다. BBC 라디오 1의 라마크는 Ticking of Clocks라는 라디오 다큐멘터리 방송에서 일약 스타덤에 오른 콜드플레이를 인터뷰했다. 밴드가 성공해서 미래에 대한 걱정이 줄었냐는 질문에 크리스는 '그렇지 않다. 큰 풍선을 터뜨린다고 해서 꼭 큰 바늘이 필요한 건 아니다'라고 대답했다.

밴드가 해외 대형 경기장을 순회하기 시작한 이 시기에 크루 한 명이 무대 뒤 영상을 촬영하기 시작했다. "장난 삼아 저와 다른 크루들이 등장하는 다큐멘터리를 찍어보고 싶었어요." 그가 말했다. "서서히 밴드 멤버들을 찍는 횟수가 잦아지면서 이런 생각을 했어요. '멤버들이 투어를 다니면서 생긴 일들을 고화질로 찍어서 대중들한테 보여주면 참 재밌을 텐데.' 밴드의 일상을 찍은 멋진 사진과 영상을 멤버들한테 보여주고 싶었어요. 공연장 맨 앞줄에서 찍은 사진엽서 같은 거죠." 그 크루는 이후 Roadie 42라는 이름으로 밴드와 팬들의 다리 역할을 하고 있다.

밴드가 월드 투어를 하는 동안 필은 호주에서 공백기를 가졌고, A Rush of Blood to the Head는 명곡의 반열에 오르는 과정에 있었다. 한편 크리스는 '필요 이상으로 시간을 많이 썼다'고 회고하는 앨범 작업에 몰두했다. 우여곡절이 많은 여정이었다. 앞으로는 과연 어떤 모험이 그들을 기다리고 있을까?

MAKE
TRADE
FAIR

STUCK IN REVERSE

뒤로만 끌려갈 때

'Fix You'

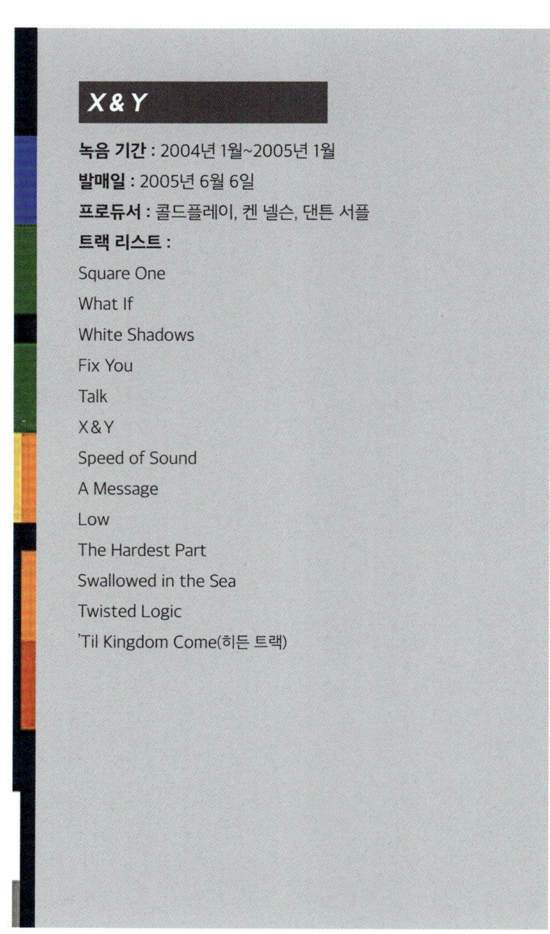

X&Y

녹음 기간 : 2004년 1월~2005년 1월
발매일 : 2005년 6월 6일
프로듀서 : 콜드플레이, 켄 넬슨, 댄튼 서플
트랙 리스트 :

Square One

What If

White Shadows

Fix You

Talk

X&Y

Speed of Sound

A Message

Low

The Hardest Part

Swallowed in the Sea

Twisted Logic

'Til Kingdom Come(히든 트랙)

❝ 별로 나아진 건 없는데
유명세는 커져만 갔어요.
그래서 우리가 처음 뭉친
1998년으로 돌아가려고
노력했죠. **❞**

윌

 X&Y CD 표지.

흔히들 2집은 가장 만들기 까다로운 앨범이라고 한다. 하지만 콜드플레이에겐 A Rush of Blood to the Head 이후 3년 만에 낸 3집 X&Y가 만들기 더 까다로운 앨범이었다. 힘든 녹음 과정을 거쳐 태어난 X&Y는 총 러닝타임이 장장 62분에 달한다(그래서 이후엔 어떤 앨범이든 42분을 넘어서는 안 된다는 내부 룰이 생겼다). 게다가 제작 마감일이 계속해서 지연되며 스트레스는 가중됐다. "우여곡절 끝에 우리는 온전한 결과물을 만들어냈어요." 크리스가 말했다. 고생 끝에 가서야 그들은 비로소 깨달았다. 밴드의 다섯 번째 멤버가 없어졌다는 것을.

슬럼프

크리스의 머릿속은 아이디어로 가득 차서 금방이라도 터져버릴 것 같았다. 그는 스튜디오로 돌아갈 날만 손꼽아 기다리고 있었다. 반면 가이는 몇 달 동안 악기를 쳐다보지도 않아도 돼서 좋았다고 한다.

A Rush of Blood to the Head 투어로 멤버들은 녹초가 됐다. "가족, 친구들과 시간을 보내야 했어요. 그냥 평범한 삶으로 돌아가고 싶었죠. 서로를 싫어한 건 아니지만 대화가 줄어들고 조금씩 갈등이 생겼어요." 윌이 말했다.

X&Y 녹음이 시작되기 3개월 전인 2003년 10월, 크리스는 이렇게 말했다. "지난 앨범 작업이 끝나고 3개월 동안, 더 이상의 앨범이 나올 일은 없을 거라고 생각했어요." 하지만 새로운 곡들이 나왔고 그중 많은 곡들이 버려졌다. 곡을 쓰는 과정이 18개월 동안 지속되자 멤버들은 쳇바퀴를 돌고 있다는 느낌을 받았다. 새 앨범의 토대가 다져진 것은 2004년 초, 시카고의 한 스튜디오에서 크리스와 조니가 데모를 녹음하면서였다. "아직 준비가 안 됐다고 생각했어요. 매일 라이브를 하며 아드레날린이 솟구치는 기분을 만끽하다가 그렇지 않

은 것에 익숙해지기까지 시간이 꽤 걸렸어요. 그래도 당시 작업한 몇 곡이 음반에 실렸으니 시간을 완전히 낭비한 건 아니죠." 조니가 말했다.

"적합하지 않아서 곡을 버리는 것과 그냥 쓰레기여서 곡을 버리는 것 사이엔 차이가 있어요. 시카고에서 30곡 정도를 버린 것 같아요. 다른 곡들에 밀려서 안 쓰인 거죠." 크리스가 말했다. 가이도 동의했다. "곡을 쉽게 버리진 않아요. 살려보려고 최대한 노력한 다음에 버리죠. 그렇다고 진짜 버리는 건 아녜요. 말하자면 책꽂이에 꽂아놓는 것과 같죠." 킬링은 이렇게 말했다. "첫 번째 앨범엔 순진한 매력이 있어요. 2집은 기술적으로 더 원숙해졌고 상당히 어둡죠. 3집에 비하면 수월하게 하나로 합쳐진 느낌이에요. 3집은 한 덩어리로 합치는 게 쉽지 않았어요."

엄청난 성공 뒤에는 언제나 부담이 따른다. 한편 밴드에겐 한 가지 문제점이 있었다. 그들은 어느새 서로에게서 멀어져 있었다.

대화가 필요해

X&Y가 나왔을 무렵 크리스는 세간의 이목을 집중시킨 결혼 때문에 A급 유명인사가 돼 있었다. 네 명의 멤버들은 10개월 동안 녹음을 했지만 팀워크는 느슨해져 있었다. 소리도 하나로 모이지 않았고, 멤버들은 제각기 다른 나라에 가 있을 때가 많았다. 나사가 느슨해진 게 확실했다. 크리스의 표현에 따르면 당시 콜드플레이는 '강한 부대'가 아니었다고 한다. 조니는 균형감을 잃지 않으려고 노력했다. "너무 힘들다고 불평했다면 우린 바보로 보였을 거예요. 우리 위치에 올라 우리가 받는 스트레스를 받을 수만 있다면 팔 한쪽이라도 자를 사람들이 있을 테니까요." 그가 말했다.

2015년에 크리스는 제인 로와의 인터뷰에서 당시 자신들이 방황했었음을 밝혔다. 그 시기, 상냥하기로는 둘째가라면 서러울 조니도 한계치에 달했다고 한다. "조니는 2004년에 딱 한 번 저한테 화를 냈어요. '네 개소리는 더 이상 못 들어주겠어!'라고요." 크리스가 말했다. 결국 일의 진전을 위해 멤버들은 의기투합하기로 결심했다. "격동의 시기였죠." 크리스가 말했다. "여러 곡들과 사운드를 손보고 스튜디오 여러 군데를 전전했어요. 기술적인 것에 의존할 게 아니라 네 명이 합주실에 들어가서 연습을 해야 한다는 걸 뒤늦게 깨달았죠."

"그때 스튜디오에서 다시 밴드의 마인드로 돌아가기로 했을 때의 느낌은 우리가 처음 뭉쳤을 때랑 똑같았어요. 라이브 공연에서 매번 끄집어내려고 노력하는 그런 느낌이죠. 그게 바로 우리 밴드의 본질이라는 걸 깨달았어요. '우리 원래 안 이랬는데?'라는 느낌이 들었어요. 별로 나아진 건 없는데 유명세는 커져만 갔죠. 그래서 우리가 처음 뭉친 1998년으로 돌아

아래 맨체스터 이브닝 뉴스 경기장 공연. 사운드 체크 당시 크리스가 드럼을 치고 있다.

가려고 노력했어요." 윌이 말했다.

멤버들은 녹음 과정에서 음악에 새로운 숨을 불어넣어야 한다고 느꼈다. 그래서 A Rush of Blood to the Head 앨범에서 다수의 곡을 믹싱한 댄튼 서플이 공동 프로듀서로 투입됐다. 가이가 말했다. "2집 작업 막바지에 댄튼과 작업했어요. 그래서 이미 친분이 있었죠. 생판 처음 보는 사람과 작업하는 위험을 감수할 수는 없었어요. 댄튼은 정말 성격 좋은 사람이고 말도 안 될 정도로 활력이 넘치죠. 덕분에 멤버들은 새로 시작하는 기분이 들었어요. 그전에는 조금 김빠진 느낌이었거든요."

런던 노팅 힐의 삼 웨스트 스튜디오에서는 멤버들과 댄튼 서플이 이미 녹음된 결과물을 해부하고 분석하는 작업이 주를 이뤘다.

멋진 곡이 많아서 선택할 수 있는 폭도 넓었다. 곡에 맞는 옷을 입히는 작업이 필요한 시점이었다. "어떤 곡에선 펌프 오르간을 쳤어요. 그땐 멤버들이 다 같이 모여서 녹음을 했죠." 윌이 말했다. "어떤 곡에선 피아노, 기타, 보컬을 가이드하기 위해 제가 드럼을 쳤어요. 그 위에 겹겹이 쌓아올리는 식이었죠." 하루는 프로듀서이자 뮤지션이며 개성 넘치는 아티스트인 브라이언 이노가 밴드를 찾아왔다. 조니는 당시를 이렇게 회상했다. "브라이언 이노가 온갖 특이한 장비들을 비닐봉지

에 담아서 들고 들어왔어요. 그러면서 이러는 거예요. '나한테 저 키보드를 좀 먹여줄래?' 그러더니 스튜디오에서 춤을 추고 돌아다니면서 요상한 사운드를 만들었죠. 그러고는 그냥 나갔어요!"

최근에 콜드플레이는 1983년에 발매된 이노의 앨범 Apollo: Atmospheres and Soundtracks의 수록곡 'An Ending(Ascent)'을 A Rush of Blood to the Head 투어의 인트로 곡으로 사용했다. 이노의 방문으로 멤버들은 실험할 수 있다는 자신감을 얻었다. 크리스털 와인 잔을 퍼커션으로 쓴 'Low'에서 그 예를 찾을 수 있다.

"우리는 전에 했던 것과 다른 느낌의 곡을 만드는 걸 중요하게 생각해요. 새로 만든 곡 중에 두 곡 정도가 아주 마음에 들었어요. 이전 곡들을 기준으로 삼고, 그보다 낫다고 여겨지는 것들이 추려질 때까지 계속 작업했죠." 윌이 말했다.

"'Talk'는 세 버전이 있었어요. 정확히 말하면 3개의 버스Verse가 있었죠. 코러스랑 멜로디는 계속 거의 똑같았으니까요." 이 곡은 앨범에 실리지 못할 뻔했지만 해체와 재결합 작업을 거쳐 다시 태어났다. "10가지 버전이 있는 곡도 있어요." 조니가 설명했다.

‘Speed of Sound’를 통해 밴드는 재정비를 위한 토대를 다졌다. 이 곡은 첫 번째 싱글로 너무나도 적합했다. “다른 곡들에 비해 너무 자연스럽게, 그리고 너무나도 유기적으로 만들어진 곡이죠.” 크리스가 말했다.

X & Y 앨범을 얘기하면서 ‘Fix You’를 빼놓을 수 없다. “우리가 쓴 곡 중 가장 중요한 의미를 갖는 곡이죠.” 크리스가 말했다. “저의 장인어른 브루스 펠트로께서 돌아가시기 전에 큰 키보드를 한 대 사셨어요. 콘센트가 뽑힌 채 방치돼 있었죠. 전원을 켰더니 생전 들어본 적 없는 기막힌 소리가 났어요.” 설명은 계속됐다. “이 곡들이 다 그 키보드 한 대에서 쏟아져 나온 거예요.” 크리스는 ‘Fix You’가 비슷한 시기에 쓰인 엘보의 곡 ‘Grace Under Pressure’의 영향을 직접적으로 받았다고 이야기했다. 콜드플레이만의 가스펠 곡을 쓰려는 시도였다고 한다. 엘보의 리더 가이 가비는 그 이야기를 좀처럼 믿지 않는다. “두 곡을 들어보면 비슷한 점은 하나도 없어요. 난 크리스의 속마음을 알아요. 엘보를 띄워주려고 그러는 거죠. 마음씨 좋은 친구예요.”

멤버들은 곧 있을 투어를 대비해 2층에 있는 넓은 합주실에서 연습을 하던 도중 ‘Square One’에 대한 아이디어를 떠올렸다. “드럼 비트에 조니가 치고 있던 기타 리프가 얹혀서 시작됐던 거 같아요. 제 노트북으로 작업한 결과물을 다들 좋아했어요. 그래서 결국 앨범에 실렸죠.” 가이가 말했다.

곡이 완성되자 멤버들은 그걸 1번 트랙으로 해야 한다는 데에 동의했다. “제목이 ‘Square One’인데 7번 트랙에 넣을 수는 없잖아요.” 크리스가 말했다.

크리스가 조니 캐시를 위해 쓰고 릭 루빈과 함께 녹음한 ‘Til Kingdom Come’은 원래 앨범에 실릴 곡이 아니었다. “다른 건 다 갖춰졌지만 딱 한 가지, 조니 캐시의 보컬이 필요했어요.” 크리스가 말했다. 조니 캐시는 녹음을 하러 로스앤젤레스로 갈 예정이었지만 안타깝게도 약속일로부터 일주일 전에 세상을 떠났다. 트랙은 수정 작업을 거쳤고, 그 위에 크리스의 보컬이 더해졌다.

미지의 사랑 LOVE UNKNOWN - ‘A Message’

2004년 크리스마스 휴가 당시 크리스는 아직 작업 중이던 앨범을 대니 맥나마라와 애시의 리더 팀 휠러에게 건네줬다. 두 사람은 같은 분석을 내렸다. 앨범은 거의 다 완성됐지만 무언가 부족하다. 아주 단순한 노래가 있어야 한다. 크리스는 당시를 회상하며 이렇게 말했다. “제가 그 앨범 때문에 얼마나 고생했는데!” 1월경, 낙담한 크리스는 ‘My Song Is Love Unknown’이라는 찬송가를 틀어놓고 마음을 비운 채 새벽 2시에 ‘A Message’를 작곡했다. “기타를 잡고 앉아서 5분 만

> **“ 10개월 전에 앨범을 출시해서 히트 싱글을 여러 개 냈더라면**
>
> **우리는 별로 발전하지 못했을 거예요. ”**
>
> 크리스

에 썼어요. 만족스러웠어요. 옷을 하나도 입지 않고 쓴 첫 곡이에요. 'A Message'는 앨범 수록곡 중 마지막으로 쓴 노래죠." 이번엔 조니가 말했다. "믹싱 작업 단계에서 곡이 나왔어요. 그 곡을 받고 나니 마침내 완전체가 됐다는 느낌이 들었어요. 올바른 재료들을 모은 기분이었죠."

음악적으로만 봤을 때 앨범은 완성됐다. "2집의 바통을 자연스럽게 이어받았어요." 3집 작업을 마쳤을 때 윌이 했던 말이다. "A Rush of Blood to the Head에 수록된 'In My Place'와 'Clocks'는 앨범 곡들 중에 가장 먼저 만들어진 곡과 가장 마지막에 만들어진 곡의 차이를 보여주죠. 3집의 일부 곡들은 'Clocks'가 멈춘 자리에서 출발했어요. 그 지점보다 몇 발짝 나아간 곡들도 있고요."

발명할 수 없는 것들

앨범의 제목을 짓기 위해 멤버들은 거듭 고민했다. "우린 우리가 위대한 밴드라고 믿어요. 하지만 어떤 때는 우리 외엔 아무도 그렇게 생각하지 않는다는 느낌이 들 때가 있죠." 윌이 말했다. "앨범 제목이 X&Y인 이유는 일단 글씨 모양이 멋져서이기도 하고, 한편으로는 우리가 들려주는 곡들이 모두 양면성을 띤다고 생각해서예요. 많은 곡들은 사랑이나 상실을 노래해요. 아니면 이 세상의 멋진 것들, 혹은 끔찍한 것들을 이야기하죠." 크리스가 말했다. 양면성을 강조하기 위해 앨범은 두 파트로 나뉘어 있다.

"우린 늘 질문에 대한 답을 찾으려 해요." 조니가 말했다. "X&Y는 우리가 찾을 수 없는 답들을 상징하죠. 앨범을 관통하는 주제는 이원성이에요. 빛이 없으면 어둠도 있을 수 없죠. 말하자면 음과 양, 흑과 백, 희망과 절망, 낙관론과 비관론 같은 거예요. 어디로 눈을 돌리든 우린 양면성을 볼 수 있죠." 가이가 말했다.

앨범의 최종 녹음을 할 때 스튜디오의 컨트롤 룸 벽에는 잠정적인 트랙 리스트가 붙어 있었다. 그 옆에는 다양한 색깔의 네모들이 있는, 호기심을 자극하는 아트워크가 걸려 있었다. 이는 에밀 보도Emile Baudot의 부호를 테마로 한 것으로, 초창기 전보 통신 시스템을 응용한 그림이다. 그 네모들은 X와 Y로 해석된다.

바퀴는 계속해서 돈다THE WHEELS JUST KEEP ON TURNING— "Til Kingdom Come"

발매에 앞서 앨범 복사본이 The Fir Trees라는 가제를 달고 언론사들에 전달됐다. 크리스는 '이보다 더 잘 만들 수는 없다'고 말했다.

스티브 스트레인지는 홍보 투어를 주선했다. "론칭 쇼의 목적은 곧 출시될 앨범의 열기를 생성하는 거죠. 재미있는 점은 밴드가 무대 위에서 과감해 보이지만 곧바로 모든 패를 꺼내진 않는다는 거예요. 모든 걸 보여주는 건 그 다음이죠. 앨범 론칭은 곧바로 리뷰로 이어지기 때문에 아주 중요해요."

2005년 4월과 5월 내내 X&Y의 홍보 활동이 활발히 이뤄졌다. "그 투어에서 앨범 사이의 균형을 유지해야 한다는 점을 배웠어요." 크리스가 말했다. "Parachutes 수록곡은 그 투어에서 하나도 안 했어요. 사실 모두가 그게 좋겠다고 생각했거든요." 첫 싱글인 'Speed of Sound'는 2005년 4월 18일에 출시됐고, 첫 주에 미국 빌보드 핫 100에서 8위를 차지했다. 영국 아티스트가 발매 첫 주에 핫 100에 든 것은 비틀즈의 'Hey Jude' 이후 처음이었다.

앨범이 출시되기 직전에 본격적인 리허설이 진행됐다. "멤버들 모두 새로운 역할을 맡았어요." 가이가 말했다. "저는 몇몇 곡에서 피아노, 하모니카를 연주하고 노래도 해요. 새로운 곡들을 연주하는 건 늘 설레는 일이죠. 연습은 했지만 매일 밤 관중들 앞에서 신곡을 연주한다는 건 큰 도전이에요. 그래서

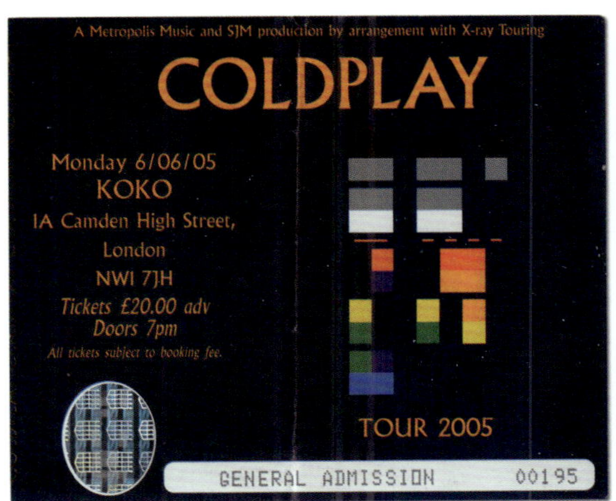

DEBS IS THE BEST AND
SHE DIS COVERED US
MANY YEARS ASO   Signed Coldp
                              Sept
                              2005

June Mon 13 Travel
Tue 14 Load in Day
Wed 15 Hamburg Volks Park
Thur 16 Load in Day
Fri 17 Koln Fuelinger
Sat 18 DAY OFF
Sun 19 Berlin Wuhlheide
Mon 20 DAY OFF
Tues 21 Load in Day
Wed 22 Dublin Marlay P
Thur 23 DAY OFF
Fri 24 DAY OFF
Sat 25 Glastonbury Festival
Sun 26 Load in Day
Mon 27 London Crysta
Tues 28 London Cryst
Wed 29 DAY OFF
Thur 30 Load in Day
July Fri 1 Glasgow Bel
Sat 2 Glasgow Be
Sun 3 Load in day
Mon 4 Bolton Reebo
Tue 5 Bolton Reebok Sta
Wed 6 Load in day
Thur 7 Arnhem Gelredrom
Fri 8 Load in day
Sat 9 Munich Kulturwie
Sun 10 Vienna St Polten
Mon 11 Verona Open Al
Tue 12 DAY OFF
Wed 13 Locarno Piazza
Thur 14 France Six Fou
Fri 15 Arrive Home

COLDPLAY

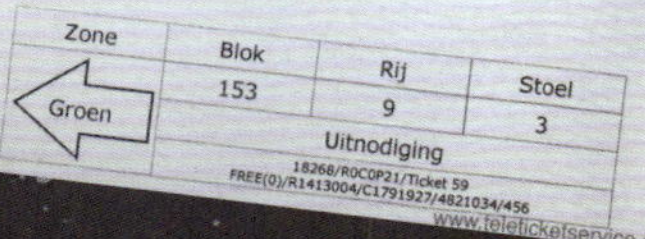

COLDPLAY
Twisted Logic Tour 2005
Sportpaleis Antwerpen
woensdag 26/10/2005 - 20.30

R1413004/C1791927

Zone	Blok	Rij	Stoel
Groen	153	9	3
	Uitnodiging		

18268/R0C0P21/Ticket 59
FREE(0)/R1413004/C1791927/4821034/456
www.teleticketservice.com

위 Twisted Logic 투어에 사용돈

스스로에게 엄격해져요. 조명, 비주얼 효과 등 공연 구성도 다 달라졌어요. 사람들이 어떤 반응을 보일지 참 궁금해요."
데뷔로부터 5년이 지난 2005년 6월 6일, X&Y는 영국 발매 첫날에만 151,000장이 팔렸고, 32개국에서 출시와 동시에 차트 1위에 올랐다. "숫자들이 귀에 들려오면 흥이 나죠." 윌이 말했다. X&Y는 미국에서 1년 동안 가장 빨리 팔린 록 음반 타이틀을 거머쥐었고, 첫 주에 737,000장이 팔렸다.

글래스턴베리 - 4부

X&Y가 발매되고 3주가 지난 토요일, 콜드플레이는 두 번째로 글래스턴베리 헤드라인을 장식했다. 이미 여러 공연을 거치며 무대에서 연주할 곡 목록이 정리되어 있었다. 멤버들은 다른 공연 스케줄 때문에 2005년에는 글래스턴베리 페스티벌에 참가하지 않으려 했다. 하지만 2006년엔 글래스턴베리가 없을 예정이란 소식을 마이클 이비스에게 들은 크리스는 '40초' 만에 생각을 바꿨다.
콜드플레이는 처음 헤드라인을 맡았을 때보다 훨씬 준비가 잘되어 있었다. "혁명적인 공연으로 보이길 기대하진 않아요.

하지만 근사하게 잘하고는 싶네요." 크리스가 말했다. 이 공연은 콜드플레이가 한 단계 도약한 공연으로 사람들의 입에 오르내렸다.
웨스트 컨트리 출신의 발명가 제이슨 레글러는 집에서 TV를 보고 있었다. 어두운 시기를 보내고 있던 그는 공연 첫 곡인 'Square One'의 가사에 주목했다.
"Is there anybody out there who is lost and hurt and lonely too / Are they bleeding all your colours into one?(길을 잃고, 다치고, 외로운 사람. 나 말고 또 있나요? / 당신 안의 다양한 색깔들이 피가 되어 한 가지 색으로 흐르고 있나요?)"
"그 노래 때문에 자일로밴드가 발명된 거예요." 레글러가 말했다. 그는 콜드플레이가 나오는 부분을 끝까지 시청했다. 그로부터 몇 년 후, 크리스는 'Charlie Brown'이라는 곡에 'We'll be glowing in the dark(우린 어둠 속에서 빛날 거야)'라는 가사를 썼고, 레글러는 빛이 들어오는 LED 팔찌를 고안하고 있었다. 레글러는 높이 치켜들면 허공에 발광체가 떠다니는 것처

“ 어떻게 보면 빨리 만든 음반이죠. 어떤 방식으로 할 것인지 고민하느라 시간이 많이 걸렸을 뿐이에요. ”

가이

럼 보이는 제품을 구상 중이었는데, 콜드플레이 공연의 관중들이 착용하면 제격이겠다는 생각을 했다. 하지만 제품이 완성되기까지는 조금 더 시간이 필요했다.

그해 글래스턴베리 페스티벌은 진흙탕 축제가 됐다. 결국 비가 멈추긴 했지만 페스티벌 장소가 마를 만큼 태양이 밝지는 않았다. 공연 분위기가 한껏 고취되자 크리스는 'Politik'의 가사를 상황에 맞게 바꿨다. “Give me weather that does no harm, Micheal Eavis and Worthy Farm. Give me mud up to my knees, the best festival in history.(나를 해치지 않을 날씨를 주세요. 마이클 이비스와 워디 팜. 진흙이 무릎까지 차오르게 해줘요. 역사상 최고의 페스티벌.)”

앙코르 곡으로는 평소 멤버들과 친분이 있는 뮤지션 카일리

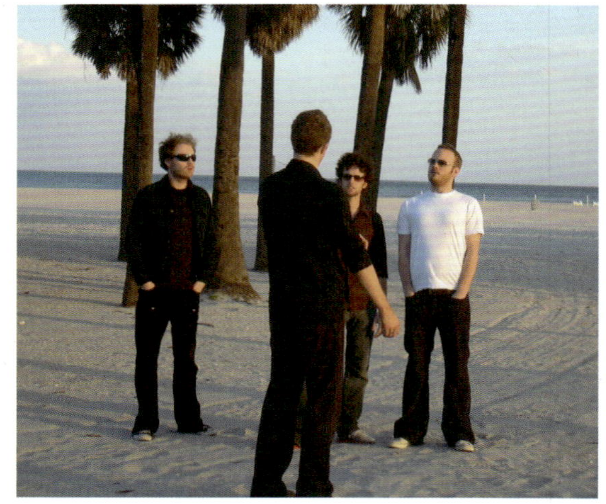

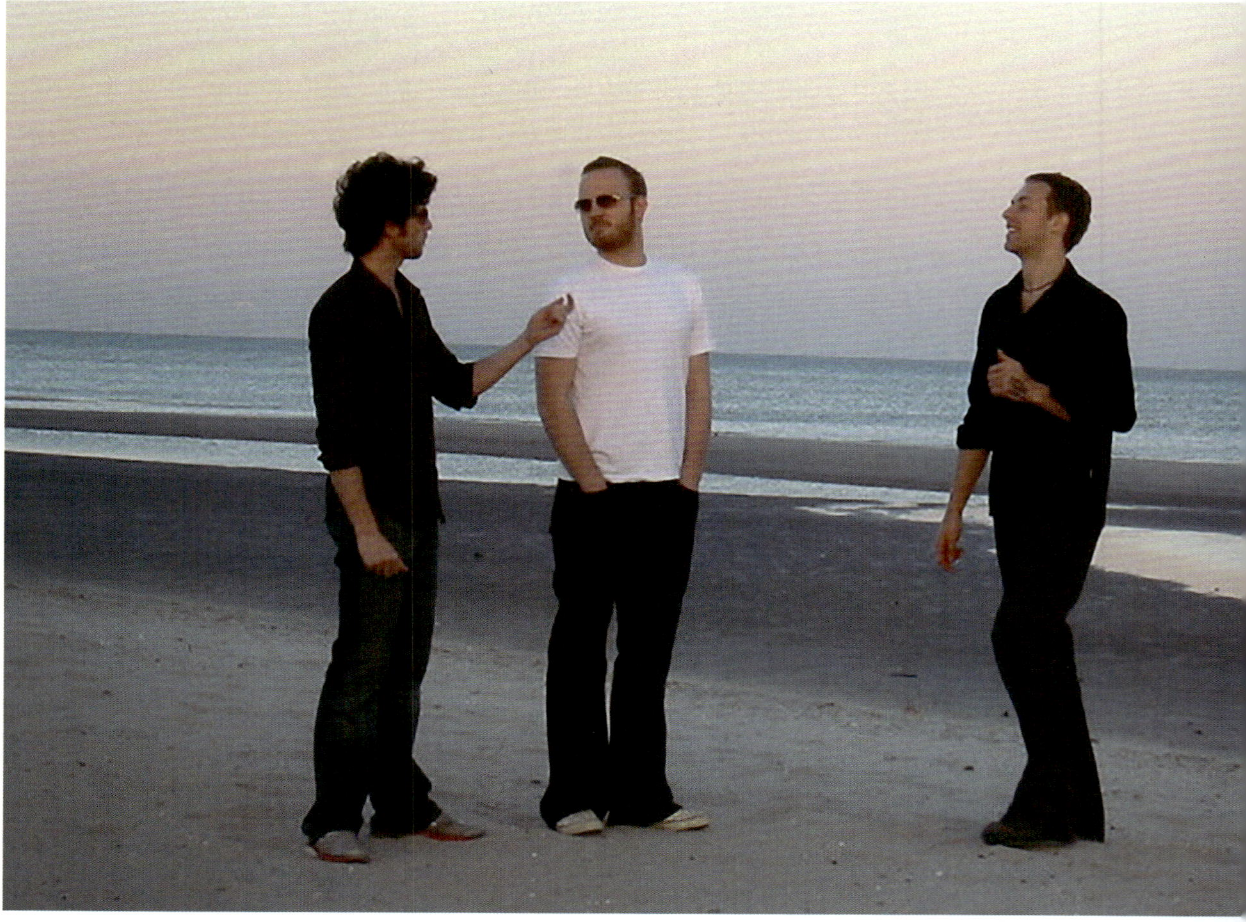

미노그의 노래가 선택됐다. 미노그는 일요일 헤드라이너로 설 예정이었는데 컨디션 난조로 일정을 취소하고 말았다. 콜드플레이는 그녀의 히트곡 'Can't Get You Out Of My Head'를 연주했다.

글래스턴베리 공연으로부터 한 달 후, 두 번째 싱글 'Fix You'가 출시됐고, 2005년 8월 3일 뮤직비디오가 방송을 탔다. 뮤직비디오는 7월 7일 런던 폭탄 테러 사건으로 상처받은 이들의 마음을 어루만져주었다. 뮤직비디오는 크리스가 런던 거리를 걷는 것으로 시작된다. 이 영상은 애도의 메시지를 전하는 것으로 보이지만, 사실 참사가 발생하기 전인 6월 29일에 촬영됐다.

2005년이 저물어갈 즈음 X&Y는 830만 장이 팔리며 전 세계적으로 가장 많이 팔리는 음반이 됐다. 곧이어 Twisted Logic 투어를 떠난 콜드플레이는 미국, 캐나다, 유럽 각국, 영국, 호주, 중국, 일본 등 23개국에서 공연했다. 2005년 말, 콜드플레이는 도합 2,800만 장의 음반을 팔았고, 2000년 이후 영국 아티스트로는 두 번째로 음반을 많이 판 것으로 기록됐다.

X&Y 출시와 함께 밴드는 Twisted Logic 투어로 바쁜 일정을 소화하고 있었고, 향후 3년 동안은 새 앨범을 녹음할 여건이 되지 않았다. 그 기간 동안, 컬래버레이션 작업 외에 콜드플레이가 낸 유일한 신곡은 'Gravity'였다. 이 곡은 투어 중에 연주된 적은 있었지만 녹음된 적은 없었다(이후 'Talk'의 B면에 수록됐다). "크리스가 전화로 '임브레이스가 'Gravity'를 가지면 어떻겠느냐'고 물어봤던 게 생각나요." 임브레이스의 보컬 대니 맥나마라가 말했다. "어떤 식으로 물어봐야 할지 잘 몰랐던 거 같아요. 한 번도 남한테 곡을 줘본 적이 없었나 봐요. 전 잘

옆, 위 코첼라 페스티벌 직후 휴가를 떠난 멤버들. 2005년.
아래 하드록 호텔 앤드 카지노의 부속 공연장인 조인트에서 호텔 10주년 기념 행사 공연 후 받은 칩. 2005년 4월 29일.

모르겠다고 했죠. 남한테 곡을 받아본 적이 없었거든요. 우린 3년 동안 작업한 앨범을 겨우 마무리하던 참이었어요. 우리 멤버들과 상의한 결과 일단 녹음을 해보고 결정하기로 했어요. 프로듀서인 유스와 함께 작업한 버전이 금방 완성됐죠. 크리스 집에 찾아가서 들려줬어요. 콜드플레이 버전이랑은 많이 달라요. 같이 불러본 적은 있지만 대중 앞에서 부른 적은 없어요. 크리스가 화음을 기가 막히게 넣었죠.”

2006년 2월에 있었던 브랏 어워드에서 콜드플레이는 ‘Speed of Sound’로 베스트 영국 싱글을, X&Y로 마스터카드 영국 앨범을 수상했다. 수상 소감에서 크리스는 밴드가 잠시 잠적할 거라고 말했고, 이는 다음 날 타블로이드 신문 헤드라인에 ‘콜드플레이 은퇴’라는 제목으로 기사화됐다. X&Y는 평단의 극찬을 받은 데다 상업적인 대성공을 거뒀고, ‘Fix You’라는 명곡을 담고 있다. 하지만 멤버들은 자신들이 가장 덜 좋아하는 앨범으로 X&Y를 꼽는다.

2014년, 크리스는 제인 로와의 인터뷰에서 이렇게 말했다. “X&Y에는 우리가 준비한 것의 60퍼센트밖에 발휘되지 않은 것 같아요. 다음 앨범에서는 우리를 조금 더 보여주길 원해요.” 그리고 2006년 당시 크리스가 다음 앨범을 준비하며 했던 말이다. “피아노 발라드와 팔세토 창법은 할 만큼 한 것 같아요. 그래서 오히려 자유로운 기분이 들어요. 이제 좀 다른 걸 시도할까 해요. 아직 3집밖에 안 냈잖아요. 우린 아직 목표를 향해 가는 중이에요.”

왼쪽 에비 로드 스튜디오에서 있었던 라디오 2 공연 티켓.
아래 피아노 의자에 앉은 채 허리를 젖히고 있는 크리스. 뉴욕 매디슨 스퀘어 가든, 2005년 9월 6일.
뒤 독일 라이프치히에서 노래하는 크리스. 2005년 11월 18일.

라이브 8

라이브 8은 공정 무역 캠페인과 여타 자선 캠페인들처럼 빈곤 구제의 목적을 띤다. 자선 활동에 관심이 많은 콜드플레이는 앨범을 출시한 지 얼마 안 된 시점인 2005년 7월 2일, 하이드 파크에서 개최된 라이브 8(기획자는 밥 겔도프) 무대에 올랐다. 15만 명에 달하는 관객과 25명의 아티스트가 한목소리로 빈곤 퇴치의 구호 Make Poverty History를 외쳤다. 같은 주에 스코틀랜드 글렌이글스에서 개최된 G8 정상회담에서도 빈곤 구제 문제가 의제로 떠올랐다. 라이브 8은 단순한 콘서트의 의미를 넘어 역사의 한 페이지로 남았다. 공연은 폴 매카트니의 'Sgt Pepper's Lonely Hearts Club Band'로 막을 올렸다. "20년 전 오늘이었죠"로 시작된 매카트니의 인사말은 많은 이들을 뭉클하게 했다. 그는 20년 전에 있었던 원조 라이브 에이드 공연을 언급했다. 당시 크리스는 흥분한 어조로 이렇게 말했다. "라이브 8 무대에 서게 돼서 저희는 몹시 설레요. 비틀즈와 U2에 이어 무대에 서는 게 어떤 기분일지 감이 안 와요. 음료수 파는 분들이 우리 덕을 많이 볼 거 같네요. TV를 보다 보면 꼭 분위기가 과열됐을 때 광고가 나오잖아요. 아마 우리도 비슷한 역할을 하지 않을까요?" 콜드플레이는 그날 다른 공연 일정이 있었기 때문에 낮 시간에 짧게 무대에 섰다. 그날 연주한 곡은 'In My Place', 버브의 곡인 'Bitter Sweet Symphony(버브의 멤버 리처드 애시크로프트와 함께했다)', 'Fix You'였다.

아래 (왼쪽 위부터 시계 방향) 엘튼 존, 크리스, 폴 매카트니. 엘튼 존과 크리스. 공연 전 무대 옆에 서서 대기하고 있는 윌과 가이. 무대 위의 크리스.

66 우리는 오만함과 회의주의가
오묘하게 섞인 그룹이에요.
우린 우리가 위대한 밴드라고
믿어요. 하지만 어떤 때는
우리 외엔 아무도 그렇게
생각하지 않는다는 느낌이 들
때가 있죠. **99**

윌

JONNY BUCKLAND

조니 버클랜드

조니 버클랜드의 '타고난 차분함'은
콜드플레이의 팀워크를 완성하는 핵심 요소다.
흔히들 조니를 친근하고 과묵한 멤버로 알고 있는데,
그가 조용한 이유는
기타로 이야기하는 것을 좋아하기 때문이다.
"조니는 멜로디를 정말 잘 만들어요.
조니가 없으면 콜드플레이 음악은 없을 거예요.
대신 어설픈 크리스 마틴의 노래들이 있겠죠."
크리스가 말했다.

1977년 9월 11일, 런던의 이즐링턴에서 태어난 조니 버클랜
드는 4살 때 가족과 함께 북웨일스 플린트셔시의 팬팀윈으로
이주했다. 그는 이스골리 원 초등학교에 재학 중이던 11살에
기타로 코드와 멜로디 연주하는 법을 배우기 시작했고, 이후
몰드 에일런 고등학교에 진학했다. 음악 선생님이던 마거릿
파는 조니에 대해 좋은 기억을 갖고 있었다. "늘 음악에 지대
한 관심이 있었고 기타에 큰 재능을 보였어요. A레벨 음악 수
업 시간에는 작곡에서 재능을 발휘했죠. 조니가 잘할 거라고
믿었어요."

조니는 어머니(조이)와 아버지(존. 전 홀리웰 고등학교 교사)가
소장한 지미 헨드릭스와 에릭 클랩튼의 앨범을 들으며 자랐
다. 큰형인 팀(조니가 기타를 잡도록 독려해준 사람들 중 한 명. 훗
날 그가 속한 밴드인 도미노 스테이트는 런던 O2 아레나에서 콜드
플레이의 서포트 밴드로 출연했다)은 동생이 10대가 되자 자신
의 음반들을 들을 수 있게 허락해줬다. 그때 LP로 들은 마이
블러디 발렌타인, 소닉 유스, 스톤 로지스, 라이드, 조지 해리
슨, U2 등은 훗날 조니에게 큰 영향을 미쳤다. 그때부터 그는
손에서 기타를 놓지 않았다. 어린 시절 들은 음악들은 그의
기타 테크닉이 형성되는 데에도 큰 영향을 미쳤다. "기타 솔
로 연주에 흥미를 가져본 적은 없어요." 조니가 말했다. "어떤
분위기를 만드느냐에 더 관심을 가졌죠. 머큐리 레브, 마이 블
러디 발렌타인, 버브 같은 밴드의 기타리스트들에게서 받은
영향이에요. 제 안에는 밴 헤일런이 없어요!" 이제 조니는 다
른 이들에게 많은 영향을 끼치는 기타리스트가 됐다. "조니는
세계 곳곳에 있는 기타리스트들에게 많은 영감을 주는 존재

죠." U2의 기타리스트 디 에지가 말했다. "내가 그 친구한테
영향을 끼쳤다는 걸 자랑스럽게 생각해요. 진짜 록 스타가 된
기분이에요."

조용한 삶

한적한 마을인 팬팀윈에서 자란 조니는 자연스럽게 말수가
적고 겸손한 성격의 소유자가 됐다. 하지만 나이를 먹을수록
북적이는 도시에서 학교를 다니고 싶은 욕망이 커졌다. "아마
다른 멤버들도 대학에 입학하면서 밴드를 결성하겠다는 생
각을 했을 거예요." 2008년에 조니는 램지 홀 기숙사에서 음
악 마니아들, 연주자들과 어울리던 UCL 신입생 시절을 회상
했다. 당시 그는 콜드플레이 멤버들에게 자신의 기타 실력을
감췄다고 한다. 윌은 그때를 떠올리며 말했다. "기숙사에는
뮤지션들이 많았어요. 자랑하기 좋아하는 친구들이 많았죠.
그런 애들은 어쿠스틱 기타를 잡고 밥 말리의 'Redemption

> ## 계속 하다 보면 즐길 수 있게 돼요.
> ## 나이가 들면 얼마나 운이 좋았는지
> ## 깨닫게 되죠.
>
> 조니

위 '픽스'라는 별명을 가진 제임스 피커링이 찍은 조니. 1999년 레딩 페스티벌 백스
테이지.
아래 존 힐턴이 찍은 조니의 사진. 런던 바플라이 클럽, 1999년.

> **❝ 우리는 연주하는 걸 좋아해요. 세상에서 가장 좋은 직업이죠. 계속 일하고 싶어요. 우리를 쉬게 하는 건 쉽지 않아요. ❞**
>
> 조니

분이다. "우리와 30분만 같이 있으면 기억에 남는 건 저밖에 없을 거예요. 전 입만 살아서 쉴 새 없이 떠드는 놈이니까요." 크리스와 조니가 만나면서 콜드플레이의 음과 양의 균형이 맞춰졌다.

두 사람의 만남은 서로의 인생을 완전히 바꿔놓았다. 콜드플레이는 세계적 수준의 밴드가 됐지만, 멤버들에게 조니는 대학생 때의 모습과 전혀 달라진 게 없었다. "아직도 사람들한테 자기가 기타를 친다는 걸 잘 얘기하지 않아요. 무대에서도요. 최대한 숨어 있으려고 하죠. 제 평생의 과업은 조니를 음지에서 끌어내는 거예요. 조니는 저의 기타 히어로니까요." 크리스가 말했다.

대학 졸업 때까지 조니와 크리스는 절대 떨어지는 법이 없었다. 크리스가 말했다 "조니를 만나게 된 건 평생의 연인을 만난 것과도 같아요. 제가 평생 찾아다닌 사람이거든요." 조니는 이렇게 말했다. "처음 만났을 때부터 완벽하게 잘 맞았어요. 더 이상 바랄 게 없을 정도로요. 싫다고 말하는 건 상상도 못해봤어요!" 크리스가 이어서 말했다. "하루는 너무 기분이 좋아서 저를 위해 곡을 써달라고 조니를 닦달했어요!"

Song'을 불렀어요." 조니는 뽐내기 좋아하는 부류가 아니었다. 조니는 대학 입학 때 들고 간 어쿠스틱 기타를 기숙사 방문 뒤에 감춰놓았다. "문이 닫힐 때마다 아주 신기한 소리가 났죠." 윌이 말했다.

크리스도 당시를 회상했다. "런던에서 대학교에 다니던 시절 우린 같은 기숙사 건물에 살았어요. 저는 원래 잠이 없는 편이라 한밤중에 깨서 곡을 쓰곤 했죠. 새벽 3시에 근처 방에서 조니의 기타 소리가 들렸어요. '너 기타 치는 거 몰랐다'고 했더니 '아무한테도 얘길 안 했거든' 그러는 거예요. 그 다음 날부터 우린 늘 붙어 다녔어요."

조니는 어설프게 밥 말리 흉내를 내는 이들에게 동화되지 않으려고 노력했다. 그의 마음 한구석에는 '쓰레기 같은 밴드나 하게 되면 어쩌나' 하는 불안감이 자리 잡고 있었다. 윌은 이렇게 말했다. "벽장에 기타를 숨겨놓고 아무런 티도 내지 않던 친구가 나중에 알고 보니 우리 중에 제일 기타를 잘 쳤던 거예요. 조니는 정말 조용하고 수줍음이 많았어요. 음악을 하는 걸 티내고 멋 부리는 이들 사이에서 오히려 그런 모습이 멋있게 느껴졌어요. 결국 밴드 멤버가 된 건 겉멋을 부리기보다 진정으로 음악에 열정을 가진 친구들이었죠."

로큰롤 밴드는 양면성을 띠기 마련이다. 빛과 어둠, 흑과 백, 시끄러움과 조용함. 콜드플레이 경우 크리스가 강렬함을 맡고 있다면 조니는 차분함을 담당한다. 크리스도 인정하는 부

위 자신의 시그니처 모델(Fender Telecaster Thinline)을 연주하는 조니. 호주 호던 파빌리온, 2003년 7월.
아래 캐나다 토론토의 머치뮤직 스튜디오를 방문한 조니와 크리스. 2005년 5월 9일.

조니와 크리스

1997년 초, 조니와 크리스는 처음으로 함께 곡을 썼다. 하루에 두 곡을 쓰는 날도 허다했다. "2년 동안 밤마다 연습을 했어요." 조니가 말했다. "드러머 없이 지낸 시기가 꽤 길었어요. 윌이 합류하기 전까지는 드러머가 없었거든요. 그래서 공연 같은 건 안 했죠. 계속 곡만 썼어요. 이름은 밝힐 수 없지만, 우리 멤버 중 한 명은 너무 힘들었는지 발목이 삐었다고 거짓말하고 한 달을 쉬었어요. 다시 돌아왔을 땐 절뚝거리는 연기를 해야 하니까 신발 안에 열쇠 꾸러미를 넣고 걸어다녔죠. 우린 그 정도로 열심히 했어요."

열정은 훗날 성공의 밑거름이 됐다. 멤버들은 애초부터 차선책이란 것을 생각해본 적이 없었다. "우린 음악에 모든 걸 걸었죠." 조니가 말했다.

'Yellow', 'God Put a Smile upon Your Face' 같은 곡에서 조니의 기타는 공명감이 있는 사운드를 들려주지만, 정작 그는 섬세한 멜로디를 연주하는 것으로 더 많이 알려져 있다.

"너무 많은 걸 욱여넣지 않으면서 기타 파트를 채우는 게 늘 저의 숙제죠. 스톤 로지스처럼 울림이 좋은 밴드의 영향 같아요. 이미 있는 것을 약하게 만들지 않는 선에서 멋진 멜로디나 새로운 아이디어를 얹기도 하고요."

기타 히어로

조니는 본인을 앞세우지 않는 기타 플레이로 동료 멤버들은 물론 세인들의 칭찬을 받아왔다. 특히 밴드 초창기에는 그림자 속에서 연주했다고 해도 과언이 아니다.

조니는 2002년에 이렇게 얘기했다. "저는 테크닉이 좋지 않아요. 형편없다고 하는 게 맞죠. 그런데 '자기 악기를 들고 분투하는 사람만큼 보기 좋은 것도 없다'는 조 스트러머의 말이 생각나네요." 하지만 최근에 그는 이런 이야기를 했다. "이제 자신감이 좀 생긴 것 같아요. 몇 년 전, 손목 힘줄에 염증이

생겼어요. 그래서 소화할 수 있는 선에서 아주 단순한 연습만 했죠. 수술을 받아서 이제 좀 더 할 수 있게 됐어요."
한편 크리스에 의하면 조니의 기타 파트야말로 콜드플레이 곡들을 완성시키는 요소라고 한다. 이에 대한 조니의 반응은 이러하다. "그런 말을 들을 자격 없어요. 대부분 우연히 얻어 걸린 거예요. 아니면 제가 연주하고 있을 때 누가 끊으면서 '지금 그거 좋은데?'라고 해줘서 건진 거죠."
"조니는 제가 쓴 곡에 생명력을 불어넣어줘요. 곡을 써서 주면 조니는 팔을 걷어붙이고는 뇌리에서 떠나지 않는 기타 라인을 얹어주죠. 그 순간이 너무 좋아요. 순간 매섭게 쏟아 붓는 거죠. 정말 힘 안 들이고 연주하는데 결과물은 너무나도 사랑스러워요." 크리스가 계속해서 말했다. "조니는 어려운 리프를 단순화시킬 줄 알아요. 그렇게 단순해진 리프를 들으면 '대체 어떻게 저런 걸 만들어내지?' 하는 생각이 들어요. 제가 쓴 곡을 더 좋게 만들 수 있는 유일한 사람이 조니예요."

> **우린 저마다 성격이 다르지만, 밴드에 관한 한 야망과 목표가 같아요.**
>
> 조니

FELL FOR THAT SPELL

주문에 속아 넘어간 이후

'42'

VIVA LA VIDA OR DEATH AND ALL HIS FRIENDS

발매일 : 2008년 6월 12일
녹음 기간 : 2006년 11월~2008년 4월
프로듀서 : 마커스 드래브스, 브라이언 이노, 존 홉킨스,
　　　　릭 심슨, 콜드플레이
트랙 리스트 :
Life in Technicolor(인스트루멘탈)
Cemeteries of London
Lost!
42
Lovers in Japan/Reign of Love
Yes
Viva la Vida
Violet Hill
Strawberry Swing
Death and All His Friends

PROSPEKT'S MARCH

발매일 : 2008년 11월 21일
녹음 기간 : 2006년 11월~2008년 4월
프로듀서 : 마커스 드래브스, 브라이언 이노, 존 홉킨스,
　　　　릭 심슨, 콜드플레이
트랙 리스트 :
Life in Technicolor II
Postcards from Far Away
Glass of Water
Rainy Day
Prospekt's March/Poppyfields
Lost+(featuring JAY-Z)
Lovers in Japan (Osaka Sun Mix)
Now My Feet Won't Touch the Ground

> **❝** 이제 아침마다 스튜디오에 출근해서 '자, 오늘도 피아노 발라드를 만들어볼까?' 하는 일은 없을 거예요. 무슨 말인지 아시겠죠? **❞**
>
> 크리스

2007년 3월 4일, 멤버들의 진을 빼놓은 Twisted Logic 투어는 멕시코시티에서 화려한 막을 내렸다. 크리스는 투어를 마치면서 이런 말을 남겼다. "이제 한동안 못 만날 것 같네요. 사람들이 우리를 지겨워하는 것 같아요." 언론에서는 콜드플레이가 5년의 휴식기를 가질 것을 예상했지만 터무니없는 억측이었다. 음반을 내고 싶은 욕구는 생각보다 일찍 찾아왔고 밴드 주변 환경에도 빠른 변화가 일어났다. 그중 단연 큰 사건은 필의 복귀였다. "밴드를 하면서 가장 좋았던 순간이죠." 조니가 말했다.

필의 귀환

투어가 끝나갈 무렵, 필은 3년 만에 영국으로 돌아왔다. 크리스와 필은 북런던에 거주하며 다시 예전처럼 어울려 다니기 시작했다.

필의 공백기 동안 밴드에는 많은 변화가 있었다. "제가 없는 동안 크리스는 결혼해서 두 아이 아빠가 됐어요. 다시 만난 크리스는 존재감이 훨씬 커져 있었죠. 신체적으로도 달라 보였어요. 더 커 보이고 당당하게 걷는 느낌이었죠."

필은 임상심리학자가 되기 위해 공부하는 중이었지만, 이따금 스튜디오에 들러 자신의 의견을 들려주곤 했다. 물론 얼마 안 있어 그것은 그의 고정 역할이 되었다.

필은 당시 밴드의 유일한 매니저였던 데이브 홈즈가 자신의 복귀를 '아주 쿨하게' 받아들였다고 한다. "데이브는 자신의 권위를 세울 줄 아는 타입이에요. 우리한텐 그런 게 필요해요. 데이브가 집안의 어른 역할을 해주는 게 좋아요."

홈즈 덕분에 전 매니저인 필과 크리스의 관계는 예전처럼 창의적인 생각들을 공유하는 친구 사이로 돌아갈 수 있었다.

"데이브 덕분에 크리스, 윌, 가이, 조니, 저는 마음껏 상상의 나래를 펼칠 수 있게 됐죠. 나아가 딱딱한 관계가 아닌 친구, 혹은 동료 멤버로 지낼 수 있게 됐어요. 제 역할은 그 말도 안 되는 상상들을 현실로 만드는 거예요." 필이 말했다.

윌은 필의 복귀에 대해 이렇게 설명했다. "우리 상태가 2005년부터 점점 나아진 이유예요." X&Y의 제작 과정이 얼마나 힘들었는지, 필의 존재가 얼마나 중요한지를 간접적으로 드러내는 말이다.

"가이, 윌, 크리스, 조니, 저 사이에서 발생하는 폭발력 같은 게 있어요. 무슨 영문인지 그렇게 5명이 있어야 케미가 폭발하죠. 진짜 왜 그런지는 모르겠어요." 필이 말했다.

"필은 'Viva la Vida' 제작 과정에서 가장 큰 변수였어요." 조니가 말했다. "우리는 필이 너무 그리웠어요. 그는 우리 중에서 가장 현명해요. 우리의 거울이자 완충 지대 역할을 하죠.

옆 Viva La Vida or Death and All His Friends와 Prospekt's March CD 표지. 두 표지 모두 외젠 들라크루아의 그림이 사용됐다.

VIVA
LA VIDA

PROSPEKTS
MARCH

필이 있으면 모든 게 터무니없이 쉬워져요. 우리에게 안도감을 주는 존재죠."

필이 없었다면 콜드플레이가 어디쯤 있을지 상상조차 하기 힘들다. 멤버들의 표현에 의하면 그는 현명하고, 잘생기고, 뭘 해야 할지 알려주는 무서운 사람이라고 한다. "멤버들은 저를 크리에이티브 디렉터라고 부르고 싶어 해요. 그런데 저는 그 호칭이 너무 싫어요. 별로 창의적인 사람이 아니니까요. 하지만 가끔 멤버들에게 조언을 해주기는 해요."

팀 내의 멤버들과 마찬가지로 매니저 또한 상상을 현실로 만드는 직책이라고 볼 수 있다. 즉 아티스트와 매니저는 일종의 협력 관계. 홈즈의 경우 경영에 관련된 본연의 업무에서 더 나아가, 다른 시점에서 바라보고 조언해주는 것을 좋아한다. 모두가 오른쪽을 보면 그는 왼쪽을 보라고 제안한다. "모든 면에서 내 의견을 낼 수 있다는 게 좋아요." 홈즈가 말했다. 그는 콜드플레이의 음악적 틀이 형성되던 초창기에 함께하지 못했음을 아쉬워했다.

"예전과 비교했을 때 다시 돌아온 이후가 훨씬 즐거웠던 게 사실이에요." 본인의 복귀에 대해 필이 말했다. "본질적으로 전 이 무리의 일원이에요. 제가 원한다면 유용한 사람이 될 수 있는 곳이 바로 여기죠. 뮤직비디오 제작, 콘서트 구상, 스튜디오 출퇴근, 언론을 상대하는 것 등 난 쓰임새가 다양해요. 다목적 접착제랑 비슷하죠."

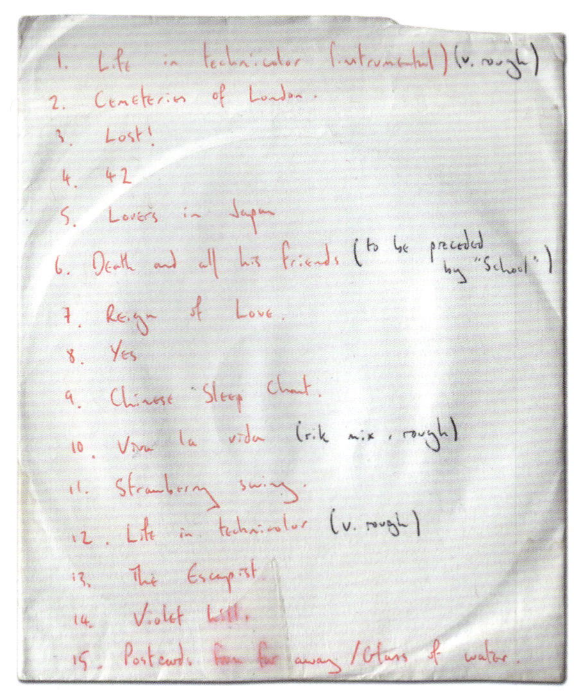

다시 뭉친 친구들

X&Y는 공전의 히트를 기록했지만 밴드에겐 쓰라린 교훈을 남겼다. "X&Y로 큰 성공을 거뒀지만 성공의 무게는 밴드를 크게 압박했죠." 필이 말했다.

Twisted Logic 투어의 남미 일정을 마친 시점에 슬슬 스튜디오로 돌아갈 때가 됐다는 얘기가 자체적으로 나오기 시작했다. 재충전한 멤버들은 '대변신'을 결심한 채 새 앨범 작업에 돌입했다. 윌에 의하면 '될 대로 돼라'는 심정으로 만든 앨범이라고 한다. "우린 아주 기초적인 의미의 발전에 굶주린 상태였어요." 크리스가 말했다.

이번엔 모든 것이 달라야만 했다. "할 일이 아주 많았어요. Viva La Vida 앨범 작업 때는 대화를 많이 했죠." 필이 말했다. "밴드의 2막을 시작하는 시점이라고 생각했어요. 새로운 원동력, 새로운 규칙들, 개개인들의 성격도 조금씩 달라졌죠. 어떻게 보면 우리는 모두 다른 사람이 된 거나 마찬가지예요." 그들은 음악적인 변화에 대해서도 고민했다. "X&Y를 끝으로 그런 식의 사운드는 충분히 만들어봤다고 느꼈어요. 사람들이 우리 소리를 지겨워하는 것도 원하지 않았고요. 그래서 변화를 조금 줬죠." 크리스가 말했다. 그들은 사람들이 쉽게 정의 내리지 못할 앨범을 만들고 싶었다. "한 가지 재주만 부릴 줄 아는 밴드로 남기 싫었어요." 가이도 크리스의 말에 동의했다. "우린 음악을 듣는 폭이 넓어요. 지난 3장의 앨범과 비교했을 때 이 앨범은 그런 성향이 잘 드러나죠."

크리스는 장황한 앨범 제목에 대해 설명했다. "둘 중 하나에

위 필이 뎁스에게 전달한 Viva La Vida CD. 포장지에 손으로 쓴 목록이 적혀 있다.
아래 프로듀서 존 홉킨스와 필 하비.

❝ 저 자신을 해피 먼데이즈의 멤버 베즈 같은 존재라고 생각해요. 차이점이 있다면 저는 춤도 못 추고 마라카스를 연주할 줄도 모른다는 거죠. ❞

필

위 세계 각지에서 팬들이 보낸 엽서를 읽고 있는 멤버들과 필. 'Postcard from Far Away'라는 곡의 영향으로 많은 이들이 엽서를 보냈다.

요. 듣는 사람에 따라 희망을 느끼기도 하고 절망을 느끼기도 하죠. 어떤 사람은 우리 곡을 듣고 따뜻하다고 느껴요. 반면 어떤 사람은 같은 곡을 듣고 우울함을 느끼죠. 그래서 이번엔 사람들이 어떻게 느껴야 마땅한지에 대해 아무 말도 하지 말자고요. 어둡다고 느끼면 Death and All His Friends라 부르고 희망을 느꼈다면 Viva la Vida라고 부르면 돼요.

베이커리 스튜디오

함께 어울려 연주하고 녹음도 할 수 있는 밴드의 전용 공간을 만들자는 의견이 나왔다. "몇 년을 같이 일했지만 우리만의 본부라고 부를 만한 곳이 없었어요. 그래서 전용 스튜디오 겸 아지트를 만들었죠." 윌이 말했다.

그들이 마련한 본부는 북런던 햄프스테드 마을에 위치해 있으며, 과거 베이커리가 있던 자리다. 그래서 다들 그곳을 '베이커리'라고 불렀다. "기숙사 침실에서 처음 합주를 했던 1999년 이후 처음으로 밴드의 보금자리를 갖게 된 거예요. 전용 공간이 생기니까 전과 많은 게 달라졌어요." 조니가 말했다.

릭 심슨과 댄 그린은 비교적 빠른 시간 안에 스튜디오를 디자인하고 만드는 일을 도왔다. 댄 그린은 밴드가 무엇을 필요로 하는지 잘 알고 있었다. 밴드는 두 달 안에 합주를 할 예정이었다. "마음껏 실험을 할 수 있는 공간을 원했어요. 하고 싶은 걸 다 할 수 있는 편안하고 자유로운 공간을요. 사진, 미술, 의상 작업처럼 한 공간 안에서 모든 걸 하길 원했죠." 윌이 말했다.

그 외에도 많은 변화가 있었다. 2006년 11월에 작곡가이자 바이올린 연주자인 다비드 로시가 밴드의 새로운 공간으로

초대됐다. 데모 작업 단계에서 새로운 시도를 하기 위함이었
다. 로시는 이렇게 말했다. "그들이 작업 중이던 곡에 음 몇
개를 얹었었죠. 그랬더니 크리스가 컨트롤 룸에서 흥분한 채
로 나와서 같이 일할 생각이 없냐고 물었죠. 정확히 이렇게
말했어요. '딱 이게 필요해요. 조니의 기타에 당신의 바이올린
을 얹으면 다른 차원의 음악이 될 거예요.'"
엔지니어인 릭 심슨은 그 아이디어를 바로 실행에 옮겼다.
"그때 마침 브라이언 이노가 합류했죠. 이노는 주변 사람들의
창의력을 자극하는 재능이 있어요. 전 항해사가 되어 어디로
든 노를 저을 수 있도록 마음의 준비를 했죠. 한 달 정도가 지
난 뒤 브라이언 이노의 추천으로 실력 있는 프로듀서인 마커
스 드래브스가 합류했어요. 두 사람은 함께 작업한 적이 있었
거든요." 드래브스는 다시 이노와 작업하게 돼서 기뻤다. "저
는 브라이언 이노를 존경하고 사랑합니다. 브라이언이 음악
적으로 콜드플레이에게 도움을 주는 모습을 목격할 수 있어
서 행복했어요. 스스로를 내려놓은 채, 너무 딱딱하지 않게 전
체적인 분위기를 끌어안으면서 끊임없이 멤버들을 격려하는
모습이 보기 좋았어요. 저와 브라이언은 서로에게 아주 솔직
해요. 서로 의견이 달라도 불편해지진 않아요. 그런데 밴드의
경우엔 그런 부분이 더 어렵죠. 하지만 서로를 더 알아가면
자연히 해결되는 문제 같아요."
심슨은 공로를 인정받아 공동 프로듀서로 승격됐고, 사운드
를 만드는 부분에 크게 기여했다.

브라이언 이노와의 협업

크리스는 이노와 자주 만나 차를 마셨다. 크리스가 말했다.
"우리 밴드에 소개해줄 만한 프로듀서가 있냐고 물어봤어요.
그랬더니 '잘난 체하는 걸로 보일지는 모르겠지만 제가 적임
자 같다'고 대답했어요." 브라이언 이노의 음악 접근 방식은

콜드플레이와는 크게 달랐다.

밴드와 가진 첫 대화 자리에서 이노는 쓴소리를 아끼지 않았다. "브라이언이 그랬어요. 너희 노래는 너무 길다. 너무 되풀이된다. 같은 방식을 너무 많이 쓴다. 덩치가 크다고 무조건 좋은 건 아니다. 같은 사운드를 너무 많이 쓴다. 가사가 아쉽다." 크리스가 말했다. 그는 이노의 말에 동의했다. "두 가지 선택지가 있었어요. 벽에 걸려 있는 플래티넘 디스크들을 쓱 훑어보면서 '꺼져. 당신 말은 다 틀렸어'라고 하든가, '그래, 맞아. 일리 있는 말이야' 하든가."

이노는 새로운 마음가짐과 철학으로 멤버들을 무장시켰다. 또한 2주 동안 일하고 2주 동안 휴식기를 갖는 효과적인 스케줄을 제안했다. "어떤 사람들은 우리에게 재능이 있다고 하고, 어떤 사람들은 우리에게 음악계의 재앙이라고 해요. 그 중간 지점에 있으려니 참 헷갈리네요." 당시 크리스가 했던 말이다. "그래서 우린 우리가 즐겨 듣는 음악이 투영된 음반을 만들어보기로 했어요. 어떤 장르로 분류되든 상관없다고 생각했죠. 그건 브라이언 이노가 가진 철학의 일부였어요. 그가 이렇게 말했죠. '주변의 잡음은 다 무시해라. 1년에 300일을 아무도 구경하지 않는 방 안에서 보내는데, 이왕이면 최대한

즐겨라. 누가 음반을 더 많이 팔았는지가 중요한 게 아니라, 누가 목요일을 더 즐겁게 보내는지가 더 중요하다.' 브라이언은 밴드로서의 삶을 즐기는 것이 주가를 올리려고 스트레스 받는 것보다 중요하다는 걸 깨닫게 해줬어요." 그 영향으로 멤버들은 목요일마다 정장을 차려입고 스튜디오에 출근했다고 한다.

초반 작업 단계에서 브라이언 이노는 멤버들이 사고의 전환을 할 수 있도록 최면술을 도입했다. "브라이언이 자신과 친분이 있는 최면술사를 데려왔어요. 어떤 결과나 나올지 기대됐죠. 그 사람은 우리를 무아지경의 상태로 만들었어요." 조니가 말했다.

"실제로 효과가 있었어요." 크리스가 말했다. "최면술 이후에 재미있는 소리들을 만들어서 음악에 사용했거든요. 보금자리를 만들고 브라이언과 함께 일하면서 우린 자유를 얻은 것 같아요. 언제부턴가 콜드플레이의 일원으로 존재하는 게 힘들

❝ 전엔 이런 생각을 했어요. '만약 당신이 16살인데 콜드플레이를 좋아한다면 몰래 좋아하세요. 우린 그렇게 멋진 사람들이 아니고 앞으로도 그럴 테니까.' 하지만 이 앨범 이후엔 16살짜리 팬들도 콜드플레이를 떳떳하게 좋아할 수 있기를 바라요. **❞**

크리스

위 Viva la Vida 투어 통행증.
아래 Viva la Vida 앨범 속지 촬영. 런던.

옆 위 2009 올해의 뮤지캐어스 인물에 참석한 크리스 와 윌. 닐 다이아몬드 헌정 무대. 로스앤젤레스 컨벤션 센터. 2009년 2월 6일.

옆 아래 무대 위에서 즐거워하는 조니와 가이. 캘리포 니아 카슨 홈 디포 센터. 2009년 7월 18일.

게 느껴졌어요. 수많은 의견들이 나오고, 서로에 대한 기대감
도 커지고, 비평도 많이 오갔으니까요. 우린 그런 것들로부터
자유롭고 싶었어요. 새로운 시도를 하면서 단순히 밴드로 존
재하고 싶었죠. 브라이언은 우리와 과감한 실험들을 함께하
면서 이런 얘기를 넌지시 들려준 것 같아요. '괜찮아. 네가 콜
드플레이 멤버라고 해서 모든 사람이 널 싫어하는 건 아냐.
걱정하지 말고 그냥 음악을 들려줘.' 그와 한 달 정도 일하고
났더니 우리가 투어를 다녔던 것도, 전에 음반을 냈던 것도
다 기억에서 사라진 것만 같았어요."

이노와 마커스 드래브스는 녹음과 작곡 과정에서 각기 다른
영향을 미쳤다. X&Y 제작 때와 달리 초반부터 집중력 있게
작업했고, 규율도 엄격해졌다.

"녹음에 들어가기 전에 밴드가 최대한 준비돼 있기를 원했어
요." 드래브스가 말했다. "크리스가 없을 때도 저는 다른 멤버
들과 많은 시간을 보냈어요. 주로 편곡 작업, 새로운 시도, 각
자 파트 리허설, 사운드 탐구 같은 걸 했죠."

드래브스는 멤버들이 상당한 분량을 라이브로 녹음할 수 있
도록 밀어붙였다. "우리를 개처럼 굴렸어요. 모든 게 드래브

스 기준에 정확히 맞아야만 했죠." 조니가 말했다.

이노는 크리스를 건반으로부터 해방시켜주고 싶었다. 그래서 앰비언트 뮤지션이자 프로듀서인 존 홉킨스가 스튜디오를 방문해 하루 동안 그 역할을 대신했다. 홉킨스의 곡인 'Light through the Veins'는 이후 밴드의 중요한 오프닝 곡이 되는 'Life in Technicolor'의 토대가 됐다. 홉킨스는 적절한 시기를 살피다 크리스 앞에서 그 곡을 연주했고, 크리스는 이렇게 응답했다. "우리 앨범이 그렇게 시작했으면 좋겠어요. 이 곡을 같이 작업해봐요."

사운드의 향연

음반은 컴퓨터 작업보다는 합주에 의해 점점 발전됐다. "단순히 합주를 하는 데에만 많은 시간을 할애했죠." 드래브스가 말했다. "앨범의 80퍼센트는 우리 네 명이 동시에 연주하는 소리로 녹음됐어요. 요즘엔 그렇게 작업하는 밴드가 드물잖아요." 크리스가 말했다.

2007년 6월, 콜드플레이가 25개의 트랙을 녹음했다는 소식이 밴드 웹사이트에 올라왔다. "다양한 편곡을 시도해봤어요. 녹음에 들어가기 전에 멤버 전원이 모여 계속해서 연습을 했죠." 드래브스가 말했다.

'Violet Hill'의 일부는 이미 오래전에 만들어져 있었다. 2016년, 크리스는 본인과 조니가 1997년에 함께 쓴 'December'의 가사 첫 소절을 듣고 가이가 밴드에 합류하기로 결심했다는 사실을 밝혔다. 그 가사는 앨범의 첫 싱글인 'Violet Hill'에서도 첫 소절로 쓰였다. 당시 《NME》를 구매하면 그 곡이 담긴

7인치 싱글 레코드를 함께 줬고, 또한 coldplay.com에서는 무료로 다운로드할 수 있게 배포했다. 요즘은 온라인에서 음악을 무료로 배포하는 것이 흔해졌는데, 콜드플레이는 그러한 변화에 대해 긍정적으로 생각해왔다.

여러 아이디어가 취합되어 음반의 색과 형태가 갖춰지기 시작했다. 윌은 스튜디오를 앨범 콘셉트에 맞게 꾸몄다. 베이커리 스튜디오의 휴게실 벽에 Viva la Vida 앨범 아트처럼 빨간색과 검은색 페인트를 수직으로 칠한 것이다(다른 쪽 벽은 자주색과 노란색으로 칠했다). 거기에서 그치지 않고 윌은 라이브 녹음실 벽까지 꾸몄다.

멤버들은 각자의 악기에 개성을 부여했다. "우리의 사랑스러운 어시스턴트 비키가 악기에 그림을 그려줬어요. 재능 있는

화가죠." 윌이 말했다. 미술을 전공한 비키 테일러는 크리스의 설명을 참고해 악기를 꾸몄다. "다양한 색을 넣어야 한다고 강조했어요. 크리스는 프리다 칼로의 그림에 푹 빠져 있었어요. 그런 스타일로 채워주길 원했죠. 작은 스케치들이 들어간 프리다의 일기장이 있었는데 크리스가 정말 좋아했어요. 그런 그림이 악기에 그려져 있으면 좋겠다고 했죠. 처음 손을 댄 건 크리스의 어쿠스틱 기타였어요. 거기에 붓으로 'No Me Llores(나를 위해 울지 마요)'라는 글귀를 썼는데, 한 개를 하고 나니까 크리스가 나머지 악기도 다 칠해달라고 했어요."

크리스가 한밤중에 쓴 앨범의 타이틀곡 'Viva la Vida'는 앨범의 첫 번째 싱글로 채택돼서 많은 사랑을 받았다.

"이런 가사가 뇌리를 스치고 지나갔어요. '난 과거에 세계를 지배했었네.' 히트곡이 나올 것 같은 예감이 들면서 졸음이 밀려왔어요. 그런데 또 한편으로는 당장 아래층으로 내려

위 왼쪽 비키 테일러가 그림을 그려 넣은 기타.
위 오른쪽 비키 테일러가 그림을 그려 넣은 키보드.
왼쪽 Viva la Vida 남미 투어 일정표.

LEFTRIGHTLEFTRIGHTLEFT

2009년 5월, 콜드플레이는 팬들에게 감사의 의미로 콘서트가 끝날 때마다 라이브 앨범을 나눠주기로 결정했다. 제목이 LeftRightLeftRightLeft인 이 앨범은 온라인에서도 무료로 배포했다.

크리스는 말했다. "우리 레코드 회사에서 일하는 사람들 중 대부분은 진심으로 음악을 사랑해요. 그래서 팬들에게 무언가를 돌려주는 것에 대해 좋게 생각해줬어요. 모두들 먹고살려면 돈을 벌어야 하죠. 하지만 우리는 밴드로서 운 좋게도 정말 큰 사랑을 받았어요. 그래서 앨범 한 장을 만들어서 나눠드릴 여유가 생겼죠. 우리와 함께 일하는 사람들은 그럴 수 있는 것에 대해 기쁘게 생각해요."

팔로폰의 회장 마일스 레너드는 밴드의 의견을 지지했다. "때로는 조금 쓰라리더라도 밴드의 의견을 지지해야 할 때가 있어요. 콜드플레이는 우리에게 너무나도 많은 것을 안겨줬거든요."

위 LeftRightLeftRightLeft CD 표지.

위　Viva la Vida 투어 당시 크리스가 입었던 제복 스타일 재킷.
옆　재킷을 입고 공연 중인 크리스. 당시 새로 부임한 대통령인 버락 오바마의, 이름이 들어간 완장을 차고 있다. 뉴저지 리버타 스테이트 공원, 올 포인츠 웨스트 뮤직＆아트 페스티벌. 2009년 8월 2일.

위 왼쪽 리버풀 로열 코트에서 열린 크라이시스 자선 공연 직전 음향 체크 중인 콜드플레이. 밖에서 구경하던 팬들이 추위를 피할 수 있도록 실내로 안내했다.

위 오른쪽 크라이시스 공연 전 구역 통행증. 리버풀 로열 코트, 2010년.

아래 크라이시스 자선 공연. 영국 뉴캐슬의 타인 극장, 2010년 12월 20일. 그해 콜드플레이가 했던 두 번의 영국 공연 중 하나.

가서 작업을 해야 한다는 생각이 들었어요. 바로 기타를 들고 녹음했죠. 그렇게 한 게 다행이라고 생각해요. 우리에겐 아주 중요한 곡이 됐으니까요."

"'Viva la Vida'가 Viva la Vida 앨범에 실리지 못할 뻔했다는 생각을 하면 지금도 웃음이 나와요." 크리스 새먼이 말했다. "필의 노트북에 연결된 헤드폰으로 곡을 처음 들었어요. 너무 좋아서 심장이 벌렁거렸죠. 곡을 들었던 사람은 아마 다 똑같은 말을 했을 거예요. '이 노래는 무조건 앨범에 실어야 돼!'" 필도 동의했다. "앨범에 실릴 한 곡 한 곡에 엄청난 공을 들이다 보면 무엇이 본질이고 무엇이 부수적인 것인지 감을 잃기 마련이죠."

외젠 들라크루아의 작품인 〈민중을 이끄는 자유의 여신〉과 프리다 칼로 작품의 영향을 받은 'Viva la Vida'는 다른 곡들이 그랬듯 앨범에 실리기까지 많은 변화 과정을 거쳤다. "제 자리를 찾는 데 오래 걸렸어요. 정말 많은 시도를 했죠." 크리스가 말했다. 다비드 로시도 이 곡을 만드는 데에 크게 기여했다. "제가 'Rainy Day' 파트를 만들지 않았다면 'Viva la Vida'의 스트링 리프는 없었을 거예요. 스튜디오에서는 전혀 예상치 않았던 것들이 튀어나오곤 하죠." 로시가 말했다.

'Viva la Vida'의 첫 버전은 헤비한 기타 사운드가 주를 이뤘지만, 그런 록 느낌은 전체적인 앨범 성격에 어울리지 않았다. "베이커리 스튜디오에서 곡 작업이 끝났을 때 나는 크리스와 필에게 이 노래가 1번 트랙이 될 거라고 말했어요. 하지만 크리스가 반대했죠." 로시가 말했다.

위 텔레비전 생방송 Hope For Haiti Now에서 'A Message'를 연주하는 콜드플레이. 2010년.
아래 2009년 2월 워 차일드 공연 당시 킬러스, U2, 개리 발로우와 함께 'All These Things That I've Done'을 연주하는 콜드플레이. 비키 테일러가 개인 소장용으로 찍은 스냅 사진.

혁명

필의 증언에 따르면 데이브 홈즈는 자칫 분열을 초래할 수도 있었던 일련의 사건을 통해 자신의 가치를 증명했다고 한다. 홈즈는 아이튠즈 측과 오랫동안 친분을 다져왔다. 특히 애플의 수장 스티브 잡스가 고용한 지미 딕슨과는 절친한 사이다. 과거에 애플은 콜드플레이의 음악을 TV 광고에 사용하고 싶어 했지만 당시 홈즈는 때가 아니라고 판단했다. 이후 Viva la Vida 앨범이 완성되자 홈즈는 음반 복사본을 딕슨과 스티브 잡스에게 보냈다.

그때까지 콜드플레이는 광고 일을 해본 적이 없었다. 멤버들은 애플 제품을 매우 좋아했지만 홈즈가 추진하는 일에는 망설이는 기색을 보였다.

당시 음반사는 'Violet Hill' 싱글 홍보에 심혈을 기울이고 있었다. 애플 측은 곡을 30초짜리 광고용으로 편집해봤지만 썩 마음에 들지 않았는지, 대신 'Viva la Vida'를 사용하고 싶다는 의사를 밝혔다.

홈즈는 세 번의 회의 끝에 밴드 멤버들과 필에게 일단 일을 진행하자는 동의를 얻어냈다. 5월 20일, 〈아메리칸 아이돌〉 방영 중, 애플은 'Viva la Vida'의 티저 광고를 내보냈다. 필은 당시를 회상했다. "아이튠즈를 열어봤더니 전 세계에서 우리 곡이 1등을 하고 있는 거예요. 데이브가 앨범을 사전 주문하면 공짜로 트랙 하나를 주는 식의 마케팅을 했더라고요. 신의 한 수였죠." 광고는 'Viva la Vida'가 싱글로 발매되는 데에 결정적인 역할을 했다. 홈즈는 멤버들과의 마찰에도 불구하고 일을 진행한 자신의 결정에 만족했다. "결과적으로 내 판단이 옳았으니 당연히 기분이 좋죠. 밴드 멤버들은 저를 보고 '저 인간이 그만두려고 작정을 했나?' 생각했을지도 몰라요. 어쨌든 전 절대 포기할 수 없었어요!"

그로부터 3주가 지난 2008년 6월 12일, 그해 음반 시장에서 가장 많은 기대를 받은 새 앨범이 발매됐다. 콜드플레이의 신보는 첫날에만 125,000장이 팔렸고, 첫 주에 20개국에서 1위를 차지했으며, 아이튠즈에서는 출시와 함께 베스트셀러가 됐다.

Viva la Vida는 온라인 판매 사이트에서 사전 주문이 가장 많은 앨범으로 기록되는 등, 수많은 음반 판매 기록을 갈아치울 기세로 팔려나갔다. 6월 23일, 'Viva la Vida'는 영국과 미국에서 1위 곡으로 등극했다. 이는 1971년 로드 스튜어트의 'Maggie May' 이후 처음 있는 일이었다.

흑백으로 된 이전 앨범 재킷들과 비교했을 때 Viva la Vida는 다채로운 색을 담고 있어서 시각적으로 화려해 보인다. 표지의 주 테마로 쓰인 〈민중을 이끄는 자유의 여신〉은 프랑스의 화가 외젠 들라크루아의 작품으로 파리 루브르 박물관에 걸려있다. 멤버들은 '홈 메이드 밀리터리 룩'을 지향하는 무대 의상 디자인에도 크게 기여했다. "정말 마음에 들어요. 예전 옷들보다 훨씬 좋아요. 이 의상을 입으면 마치 우리가 골목대장이 된 것 같아요." 크리스가 말했다.

곧이어 월드 투어가 시작됐다. "우린 아직 스타디움에서 공연

할 만한 밴드가 아니에요." 투어가 시작될 무렵 크리스가 말했다. "스타디움은커녕 어떻게 하면 10,000명을 즐겁게 해줄 수 있을지 아직 고민하는 중이에요. 저에게 경기장은 완벽한 크기의 캔버스 같아요. 그래서 언젠가는 꼭 잘해보고 싶어요." 2009년, 투어가 16개월 진행된 시점에 콜드플레이는 마침내 스타디움 무대에 입성했다. "멤버들은 관객과 친밀한 소통을 할 수 있는 무대를 좋아해요. 대극장이나 경기장에서 공연하는 것도 좋은 경험이라고 생각하죠. 팬들과 진짜로 연결됐다고 느낄 수 있으니까요." 스티브 스트레인지가 말했다. "밴드의 그릇이 커졌기 때문에 경기장에서도 친밀한 소통을 할 수 있게 됐어요."

"사람들이 돈을 낸 만큼 즐겁게 해줘야 한다는 게 밴드의 철학이에요. 한 곡 한 곡이 시각적으로 어떻게 와 닿을지, 곡 배열을 어떻게 할지, 각각의 자리에서 공연이 어떻게 보일지 생각하죠. 솔직히 너무 심하다 싶을 정도로 고민할 때도 있어요." 크리스가 말했다.

위 2009 브릿 어워드에서 'Viva la Vida'를 연주하는 콜드플레이. 얼스 코트 원, 2009년 2월 18일.

오른쪽 Viva la Vida 남미 투어 전 구역 통행증.

"개인적으로 꽃가루 특수 효과를 정말 좋아해요. 특히 나비 모양을요. 기계에 문제만 없으면 감동은 보장된 셈이죠." 필이 말했다. 크리스는 필보다 노골적으로 말했다. "아무리 공연을 망쳐도 두 지점은 아무 걱정이 안 돼요. 'Viva la Vida'를 연주할 때랑 어둠 속에서 나비들이 반짝일 때죠."

'Life in Technicolor II' 뮤직비디오에 쓰일 멤버들의 인형이 제작됐다. 멤버들을 쏙 빼닮은 건 아니지만(특히 가이는 정말 안 닮았다) Viva la Vida 투어에서 'Wish You Were Here'를 연주할 때는 일종의 마스코트 역할을 했다.

왼쪽 다른 인형들과 앉아서 쉬고 있는
콜드플레이 인형들. 멕시코, 과달라하라,
2010년 3월.
아래 'Christmas Lights' 뮤직비디오에
사용된 무대 세트. 런던, 사우스 뱅크.
오른쪽 아래 'Christmas Lights' CD 표지.
뒤 2009년 올 포인츠 웨스트 뮤직&아
트 페스티벌 무대에 선 조니와 크리스. 뉴
저지 리버티 스테이트 파크, 2009년 8월
2일.

CHRISTMAS LIGHTS

2008년 TV 프로그램인 60 Minutes에 잠시 소개됐던 'Christmas Lights'
는 2010년 12월에야 싱글로 발매됐다. 밴드는 작전명 '흰 올빼미'라고 불린
이 프로젝트를 깜짝 발표하기 위해 비밀리에 제작했다. 프로덕션 디자이너
인 미스티 버클리는 밴드와의 회의에서 다음 앨범에 대해 토론하던 중, 화제
가 'Christmas Lights'로 넘어갔다고 말했다. "11월 중순이었어요." 버클리
가 회상했다. "밴드는 크리스마스에 맞춰 뮤직비디오를 공개하고 싶어 했어
요. 크리스가 저에게 뮤직비디오에 쓸 유랑 극단 느낌의 세트를 런던에 만들
자고 했어요." 미스티는 의견에 동의하고 언제까지 세트가 완성되기를 원하
는지 물었다. 그러자 크리스가 답했다. "음, 다음 주 정도……?"
그 말을 들은 스태프들은 곧장 택시를 잡아타고 런던을 돌아다니며 촬영 장
소를 물색했다. 결국 사우스 뱅크가 촬영지로 선정됐다. 그렇게 콜드플레이
는 강을 배경으로 한 크리스마스 뮤직비디오를 런던에서 찍게 됐다.
매트 화이트크로스는 뮤직비디오에 사용할 전용 세트가 다 지어져 있으니
7일 후에 와서 감독을 해달라는 제의를 받았다(그는 촬영 직전에 콜드플레이에
게 연락받는 것에 이미 길들여져 있었다). 촬영 당일 저녁, 기온은 영하로 떨어졌
다. "저와 팀원들은 새벽 5시까지 현장에 있었어요." 버클리가 말했다. "멤버
들은 벌벌 떨었어요. 필과 사이먼 페그는 불쌍하게도 종이처럼 얇고 몸에 달
라붙는 엘비스 복장을 입고 있었죠."
모두들 추위 속에서 고생했지만 결과는 너무나도 만족스러웠다.
"짐을 싸서 세트장을 떠날 때 시계를 보니 오전 7시였어요. 밴드에게 '수고
했어요. 너무 마음에 들어요. 투어 때 봐요'라는 메시지가 와 있었어요." 버클
리가 말했다.
그날 이후 보충 촬영이 있었다. 템스강에 제작된 세트에서 선상 파티 장면을
촬영했는데, 콜드플레이 팬들 몇 명이 초대되어 엑스트라로 출연했다. 이 장
면은 편집을 통해 다른 날에 찍은 장면들과 자연스럽게 연결됐다.
"템스 강에 설치된 배에서 팬들과 함께한 촬영은 정말 재밌었어요. 촬영 핑
계로 크리스마스 파티를 즐긴 셈이죠. 뎁스가 뒷감당을 해줄 거라 걱정하지
않았어요." 크리스 샐먼이 말했다. "연기 지도를 위해 촬영에 임한 팬들에게
제 핸드폰으로 음악을 들려줬어요. 다 같이 '오-오-오오오오오' 합창했는데
그 장면이 뮤직비디오에도 나와요. 정말 추웠지만 뭔가 초현실적이고 즐거
운 밤이었죠."

" 사람들이 쉽게 정의 내리지 못할 앨범을 만들고 싶었어요. 한 가지 재주만 부릴 줄 아는 밴드로 남기 싫어요. **"**

가이

WILL
CHAMPION

윌 챔피언

콜드플레이와의 첫 합주 때 드럼 키트 앞에 앉게 되면서
윌 챔피언의 기타리스트로서의 잠재력은
싹도 틔우지 못한 채 묻히고 말았다.
윌은 첫 박을 치자마자 드러머로 지목됐고,
그의 영입으로 콜드플레이는 비로소 완전체가 됐다.
머지않아 다른 멤버들은 윌이
단순한 드러머 이상의 존재라는 사실을 알게 되는데……

"제가 감동시켜야 하는 사람은 윌이에요." 2002년에 크리스가 했던 말이다. "윌의 표정이 안 좋으면 그 곡은 별로 안 좋은 거예요. 제 취미 중 하나는 곡을 써서 윌을 만족시키는 거예요. 윌이 진심으로 뭔가를 하고 싶어 하지 않을 땐, 그 판단이 옳은 거예요. 윌을 생각하면 뭔가 화강암 같은 묵직함이 떠올라요. 조각상의 밑동 같은 존재죠. 그게 없으면 모든 게 무너져 내리니까요."

밴드 내에서 이성적이고 비판적인 목소리가 필요할 때 여지없이 윌이 신뢰할 만한 의견을 제시해 멤버들을 설득시킨다. "윌은 합리적인 사고를 하는 사람이에요. 밴드 차원의 결정을 내려야 할 때 윌은 모든 이들을 집중시키고 타당한 안을 내놓아요. 찬반 숫자가 같을 땐 대부분 윌의 의견을 따르게 돼요. 가끔은 이미 합의된 사안도 윌이 뒤엎곤 한다니까요!" 조니가 말했다. "어찌 보면 콜드플레이는 윌 한 사람을 위해서 일하는 건지도 몰라요." 크리스가 누차 강조해서 말했다.

음악 DNA

윌의 피 안에는 음악인의 유전자가 흐르고 있다. 그의 부모님은 모두 사우스햄튼 대학교에서 고고학을 가르쳤는데, 아버지 팀은 챔피언 튠즈라는 이름으로 대학가와 로컬 펍 등지에서 DJ로 활동했고, 어머니인 사라는 아들에게 기타 연주하는 법을 가르쳤다.

1978년 7월 31일에 태어난 윌은 사우스햄튼 하이필드에서 태어나 포츠머스 초등학교(윌은 그곳이 매우 거친 학교라고 회상했다), 캔텔 스쿨, 피터 시몬즈 칼리지를 거쳐 UCL에 진학했다. 대학에서 그는 인류학 학사 학위를 취득했다. 어린 시절 윌은 집에 있는 오디오로 톰 웨이츠, 닉 케이브, 전통 아일랜드 음악 등 장르를 가리지 않고 쉴 새 없이 음악을 들었다. 그때 들은 음악들은 그의 뇌리에 깊이 각인됐다. 윌은 듣는 데에 만족하지 않고 8살이 되기 전에 피아노와 바이올린을 연주하기 시작했다. 기타를 잡은 건 12살 때였는데, 그 시기에 베이스 기타와 틴 휘슬도 함께 배웠다.

"다양한 악기를 배웠어요." 윌이 회상했다. "그런데 악보를 잘 못 읽어서 재미를 못 느꼈어요. 그래서 악보를 외워서 연주했죠. 선생님이 피아노를 칠 때 손 움직임을 기억했다가 따라하는 식이었어요."

"엄마한테 기타 코드 3개를 배웠을 때 음악적 창의성이 자극된 거 같아요." 윌의 회상은 계속됐다. "음악을 들으면 바로 따라서 연주할 수 있었어요. 기타는 그런 식으로 연주하기에 참 좋은 악기인 것 같아요."

윌은 그렇게 기타를 치고, 사우스햄튼 축구팀을 응원하고, 형과 함께 챈들러스 포드 크리켓 팀에서 활동하며 10대를 보냈다. "밴드 활동은 거의 안 했어요(팻 햄스터Fat Hamster라는 밴드를 결성해서 활동한 것이 유일하다). 친구들과 축구를 더 많이 했죠. 대부분은 혼자 악기를 붙잡고 지냈어요." 조니는 윌의 기타 연주를 처음 들었을 때 깜짝 놀랐다고 한다. "아마 저보다 기타를 잘 칠 거예요. 다재다능한 친구죠. 맥가이버 칼 같은 드러머예요."

맨 위 Parachutes 녹음 당시 록필드 스튜디오.
위 로카포르테 페스티벌 당시 백스테이지에서 찍은 사진. 이탈리아, 베로나. 2000년 7월.
옆 Viva la Vida 투어 첫날. 캘리포니아 잉글우드, 그레스트 웨스턴 포럼. 2008년 7월 14일.

인간 주크박스

"어릴 때 옆집에 드럼 키트가 있었는데 종종 가서 치곤 했죠. 학교에서 음악 시간에 친 적도 있고요." 윌이 말했다. "그러다 14살 즈음에 다른 악기를 접하면서 드럼은 거의 안 쳤어요. 드럼을 치기 전에 다른 악기를 배운 건 잘한 거 같아요. 드럼을 칠 때 다른 시각으로 접근할 수 있었거든요. 화려한 테크닉을 연마하는 것도 중요하지만, 장조와 단조를 다르게 치는 것도 아주 중요해요. 운 좋게도 드럼을 치기 전에 그런 것들을 다 배웠어요. 그런 건 곡에 대한 느낌을 익히는 것과 밀접한 관계가 있죠. 잠깐 동안 파워풀한 연주를 보여주는 것보다 그 곡에 뭐가 맞는지를 아는 게 더 중요한 것 같아요."

크리스는 초창기 윌에 대해 이렇게 말했다. "윌과 기숙사 복도 계단에 앉아서 같이 연주를 하고 놀았어요. 윌은 누구보다 노래를 많이 알았어요. 제목만 대면 바로 연주할 정도였으니까요. 인간 주크박스 같았다니까요." 대학 첫 1년부터 윌은 친구들과 어울리며 음악을 연주하긴 했지만 본격적으로 멤버들과 함께 어울리기 시작한 것은 2학년 때부터다. 그전까지 윌은 UCL 학생회 친구들과 어울리거나 가이, 조니와 맥주를 마시며 즐거운 1학년 시절을 보냈다. "밴드를 결성하려면 이왕이면 친구들과 하는 게 좋은 것 같아요. 밴드 멤버 간의 케미를 절대 간과해서는 안 돼요. 그게 테크닉보다 중요한 것 같아요." 윌이 말했다.

UCL 동문이자 콜드플레이 멤버들의 오랜 친구인 크리스 푸프는 그 시기의 윌을 회상했다. "2, 3학년 때 저와 윌은 학생회 일을 열심히 했어요. 당시에 리키 저베이스(영국의 배우, 코미디언, 작가—옮긴이)도 같은 학생회 소속이었어요. 우리는 바에서 시급 3파운드도 못 받으면서 일했어요. 이벤트 스태프로 일하는 날엔 신예 밴드들을 구경할 수 있었죠. 투어하러 온 밴드의 장비를 밤새 지키는 일을 하고 일당을 받기도 했어요. 그 일을 할 때 밤새 끝내주는 악기들을 갖고 놀 수 있었죠."

드러머들이 좋아하는 드러머

"콜드플레이와 드러머라는 직책이 동시에 나를 찾아왔죠." 드럼이 편해지기까지는 꽤 긴 시간이 걸렸다. "긴장이 됐어요." 윌은 밴드와의 첫 연습을 떠올렸다.

"처음엔 크게 칠 용기가 없었어요. 망치지만 말자는 생각뿐이었죠! 제 존재를 드러낼만한 실력은 안 됐으니까 가능한 서포트를 잘하려고 했어요. 그러다 보니 그게 제 스타일이 됐죠.

> **❝ 만약 우리가 단순히 세션맨이었거나, 혹은 크리스 마틴 밴드였다면 난 열심히 안 했을 거예요. 크리스가 음반 작업을 하는 동안 난 집에서 쉬고 있었겠죠. 하지만 콜드플레이는 우리 밴드예요. 우리 네 명은 한 팀이에요. ❞**
>
> 윌

곡의 75퍼센트는 드럼이 안 들어가기도 하고, 아주 단순하게 치기도 하는 게 제 트레이드마크예요. 기다리는 거죠. 기다리고…… 계속 기다리고…… 마지막 순간까지 기다리다가 끝에 가서야 스포트라이트를 독차지하는 식이에요. 화려한 필인이나 롤을 하는 타입은 아니에요. 곡을 잘 듣고 정말 필요할 때만 드럼을 치죠. '어떻게 치느냐'만큼 '언제 치지 않느냐'도 중요해요."

윌은 어린 시절 다양한 악기를 연주하도록 권한 부모님의 영향이 자신의 드럼 스타일에 큰 영향을 끼쳤다고 항상 주장해왔다.

"피아노를 친 건 손과 발을 함께 쓰는 데에 도움이 됐어요. 다른 드러머들과 다른 접근이라고 생각해요. 테크닉이 훌륭한 드러머는 정말 많지만 저는 데이브 그롤, 진저 베이커, 존 본햄처럼 위대한 밴드에서 위대한 싱어들을 보완해준 드러머들을 좋아해요. 셋 다 자신만의 스타일이 있는 동시에 소속 밴드에 딱 맞는 연주를 했죠."

크리스의 말에 의하면 2001년 워싱턴 D.C.에서 있었던 HFStival 당시, 데이브 그롤이 윌에게 훌륭한 드러머라고 칭찬해줬다고 한다. "그 순간이 윌의 인생을 바꿔놓았어요." 크리스가 말했다.

"어떻게 하면 좋은 밴드가 될 수 있는지 알려주는 사람은 없어요. 어떻게 하라고 학교에서 가르쳐주는 게 아니에요. 우리는 함께 연주하면서 서로에게 익숙해졌어요. 연습하고 공연

하는 시간이 쌓이다 보니 자연스럽게 우리 소리를 찾아가기
시작했죠."

드럼 치는 친구

윌은 유명해진 것에 대해 무심한 태도로 일관했다. "제가 원
하는 삶을 살아가는 데에 있어서 유명세의 영향을 받진 않아
요. 하지만 크리스는 저와 다르죠. 만약 제가 밴드의 구심점처
럼 행세하고 다니면 얼마나 바보 같겠어요? 크리스는 24시간
내내 주목을 받지만 저는 그렇지 않아요. 집에 가면 스위치를
꺼놓고 싶어요. 한편으로는 제 존재를 감추고 싶어요. 하지만
그러면 크리스에게 너무 큰 부담이 되겠죠."

윌은 길거리에서 알아보는 사람들이 점점 많아진다고 한다.
"한 달에 한 번 정도 모르는 사람이 와서 말을 걸어요. 제 집
근처에서 걷고 있었는데 공사 현장에서 어떤 사람이 '어이,
콜드플레이에서 드럼 치는 친구!' 하고 부르는 거예요. 전 그
런 게 좋아요. 저는 이렇게 답하고 싶었어요. '안녕하세요, 집
짓는 아저씨!'"

콜드플레이가 데뷔 20주년을 맞이했건만 윌은 한결같이 돌
격 태세를 유지하고 있다. "우리는 더 이상 떠오르는 신예가
아니에요. 그렇다고 해서 후세에 물려줄 만한 게 있는 밴드도
아니죠."

> **"** 어떻게 하면 좋은 밴드가 될 수
> 있는지 알려주는 사람은 없어요.
> 어떻게 하라고 학교에서 가르쳐주는
> 게 아니에요. 우리는 함께
> 연주하면서 서로에게 익숙해졌어요.
> 연습하고 공연하는 시간이 쌓이다
> 보니 자연스럽게 우리 소리를
> 찾아가기 시작했죠. **"**
>
> 윌

옆　매의 눈으로 관찰하는 윌. 네덜란드 로테르담 아호이 아레나 공연 중. 2011년
12월 17일.
오른쪽　'Viva la Vida'를 연주하는 윌. A Head Full of Dreams 투어 당시 뉴저지 이
스트 루더포드 메트라이프 스타디움에서. 2016년 7월 17일.

LOVE
EQUAL

GLOWING

IN

THE

DARK

어둠 속의 빛

'Charlie Brown'

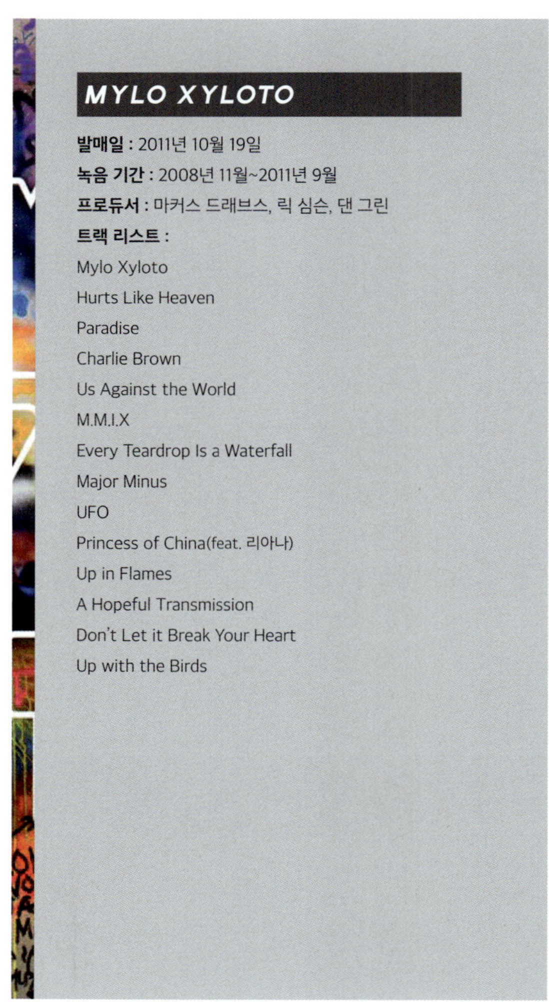

위　 Mylo Xyloto CD 표지.
옆 위　 뎁스 와일드에게 증정된 Mylo Xyloto 기념 디스크.
옆 아래　 Mylo Xyloto 투어 프로그램.

Viva la Vida 앨범의 완성과 거의 동시에 5집에 실릴 곡 작업
이 시작됐다. 초기 단계에는 어쿠스틱한 앨범을 만드는 것이
목표였다. 'Charlie Brown'(당시 제목은 'Cartoon Heart')의
초반 작업 트랙에서는 윌이 아코디언을 연주하는 것을 들을 수
있다. 어느 정도 진행이 된 시점에 가이는 노선을 바꿔 '다시 플
러그를 꼽자'라고 제안했다. 어쿠스틱 콘셉트에는 들어맞지
않지만 멤버들이 너무나도 마음에 들어 하는 곡들이 있었던 것
이다. 일단 그 곡들에 심혈을 기울이고 이후에 어떻게 진행할
지는 그때 가서 고민하자는 결론이 내려졌다.

내 심장 박동은 BEAT FROM MY HEART - 'I Feel My Heart Beating'
Viva la Vida 이후 크리스는 밴드가 다시는 앨범을 내지 않을
지도 모른다고 또 한 차례 발언했다. "33살 넘어서도 밴드를
계속하는 건 좀 아닌 것 같아요." 하지만 머지않아 그들은 스
튜디오로 돌아가고 싶어 좀이 쑤셨다. 수중에는 3년을 묵힌
곡들도 있었고 3주 전에 쓴 곡들도 있었다.

"어떻게 발전할 수 있을지, 아니면 어떻게 다른 시도를 할 수
있을지 고민하기 시작했어요." 조니가 말했다. Viva la Vida
녹음 이후 브라이언 이노가 보낸 편지를 읽은 뒤 그러한 생각
은 더욱 증폭됐다.

> "콜드플레이에게. 우린 정말 좋은 음반을 만든 것 같아. 하
> 지만 다음엔 우리가 더 잘할 수 있을 것 같아. 최대한 빨리
> 다음 작업을 시작했으면 좋겠어. 특히 조니에게서 뭔가 새
> 로운 게 튀어나올 것 같아. 브라이언 이노로부터."

"우린 브라이언의 말을 1순위로 생각해요." 크리스가 말했다.
"우리와는 인연이 깊죠. 브라이언은 자기가 우릴 이용한다고
생각하겠죠. 그런데 사실 저도 브라이언을 이용하고 있어요.
브라이언이 하고 싶은 대로 하게 놔두면 우리는 거기에서 얻
는 게 있어요."

가이는 Mylo Xyloto가 애니메이션 영화로 나올 뻔했다고 말
했다(2012년 7월 6일, 샌디에이고 코믹콘에서 콜드플레이가 등장
하는 자체 제작 만화책이 공개됐다). 영화 제작 계획은 보류됐고,
Mylo Xyloto는 일종의 콘셉트 앨범이 됐다.

"캐릭터 디자인 작업도 많이 진전이 됐는데 결국 그 아이디어
를 버리고 노선을 변경했죠. 어쿠스틱 앨범과 사운드트랙 앨
범의 성향을 모두 살렸어요. 그러다 보니 일반적이지 않은 결
과물이 나왔죠." 가이가 말했다.

"답답한 대도시의 각기 다른 곳에서 자란 두 인물에 관한 내
용이었어요. 둘 다 삶의 방향을 잃고 헤매죠. 노래들이 장면에
딱 들어맞는 일종의 러브 스토리였어요." 크리스가 말했다.

가장 용기를 필요로 했던 부분은 앨범의 제목을 짓는 일이었
다. 멤버들은 기존에 없던 단어를 만들고 싶었다. "지금 당장
은 Mylo Xyloto라는 제목이 우습게 들리겠죠. 하지만 훗날엔

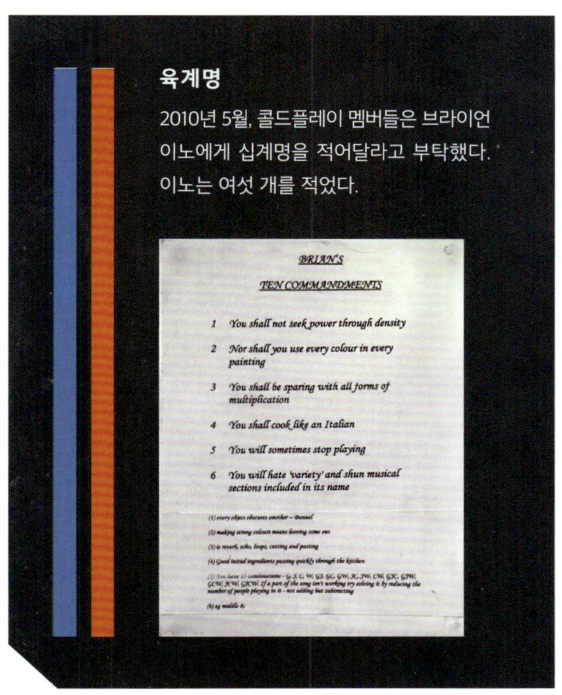

그렇지 않을지도 몰라요." 2011년 앨범 홍보 당시 크리스가
했던 말이다. 밴드 멤버들은 새로운 단어 두 개를 만들어내고
싶었다. "우리가 콜드플레이라는 이름으로 처음 소개했을 때
사람들은 고개를 갸우뚱했어요. 그래서 그런 식의 작명을 앨
범 타이틀에도 시도해보기로 했죠. 아무 뜻도 없지만 의미를
상상해볼 수 있는 말이라고 생각했어요." 크리스가 말했다.
이노는 이번 작업에도 함께했다. "그 시기에 이노는 밴드 멤
버나 다름없었어요. 우리랑 같이 연주하는 걸 정말 좋아했어
요." 크리스도 덧붙였다.

이노는 때때로 크리스와 거리를 두며 노련한 면모를 보였다.
한번은 크리스에게 이렇게 말했다고 한다. "미안한데 잠깐 꺼
져줄래? 독재자가 떠드는 것보다 밴드 케미를 키우는 게 결
과에 도움이 될 것 같아서 그래." 그렇게 콜드플레이는 2주
동안 보컬 없이 작업에 몰두했고, 조니, 가이, 윌은 보다 편하
게 발언할 수 있게 됐다.

"조니는 선천적으로 부끄럼이 많은 사람이에요. 하지만 브라
이언과 일하면서 많이 달라졌죠. 함께 곡을 만드는 과정에서
전과 다르게 진두지휘하는 모습을 보니 정말 뿌듯했어요. 조
니는 알을 깨고 나왔어요. 우리 모두에게 새로운 도전이었죠.
조니가 자랑스러워요. 정말 큰 용기를 낸 거예요." 크리스가
말했다.

오랜 시간 사운드 엔지니어로 함께한 댄 그린은 늘 노트북
에 메모하는 습관을 갖고 있다. 한번은 그린이 크리스에게 자
신이 녹음한 것을 들려줬고, 그것이 발전되어 'Up With the
Birds'가 됐다. 크리스는 그린에게 마커스 드래브스, 릭 심슨

과 함께 공동 프로듀서가 되어줄 것을 부탁했다.

"콜드플레이 멤버들은 사람 보는 눈이 뛰어나요. 개개인이 할
일을 구체적으로 정해줘요. 그래서 겹치는 부분이 거의 없어
요. 그 틀 안에서 협업을 하죠." 그린이 말했다. "다른 사람의
영역은 서로 침범하지 않아요. 서로의 역할을 존중해주죠. 밴
드 멤버들끼리도 마찬가지예요."

"댄 그린과 저는 좋은 직장 동료 관계죠. 드래브스는 들락날
락 거리는 편이고요. 덕분에 분위기가 신선해지는 건 있죠."
심슨이 말했다. Viva la Vida 투어가 끝날 무렵 밴드는 두 번째
녹음 스튜디오를 갖게 됐다. 베이커리 스튜디오에서 멀지 않
은 곳으로 일명 '비하이브The Beehive', 즉 벌집으로 불리는 전
혀 다른 분위기의 일터였다. 내부에는 사무실과 작곡용 스위

> **❝ 전 세계를 여행하는 갱단 같은 느낌이에요. 가족과도 같죠. 유랑 극단 같은 건가? ❞**
>
> 조니

위 Mylo Xyloto 투어 초기 공연 당시 무대에 선 조니. 워싱턴 D.C. 버라이즌 센터. 2012년 7월 9일.
옆 2002년부터 라이브 무대에서 사용된 레이저 특수 효과. 2012년 7월 9일. 워싱턴 D.C. 버라이즌 센터.

트룸이 있고, 다용도로 쓸 수 있는 지하실이 있다. 이 스튜디오의 백미는 뭐니 뭐니 해도 넓은 라이브 룸이다.

"비하이브에는 컨트롤 룸이 따로 없어요. 자연스러운 조명이 있는 뻥 뚫린 공간이죠." 심슨이 말했다. "소통을 하기에 아주 좋아요. 사이에 유리벽이 있으면 단절된 느낌이 들거든요." Viva la Vida 작업 때 베이커리 스튜디오에서 했던 것처럼 새로운 스튜디오 벽에도 영감을 주는 사람들의 사진이 하나 둘 걸리기 시작했다.

드래브스는 밴드 멤버들이 언제 누구와 무슨 일을 해야 하는지 알고 있으며, 유기적이면서도 개성 있게 작업한다고 말했다. 'Us Against the World'와 'Princess of China'가 각기 다른 밴드의 음악처럼 들리지만 묘한 공통점을 갖고 있는 것은 각 프로듀서의 성격이 묻어났기 때문일 것이다.

음악 소리를 키워 TURN THE MUSIC UP-'Every Teardrop Is a Waterfall'

매트 밀러는 콜드플레이의 투어에서 녹음을 담당해왔다. 그는 사운드 체크 소리까지 모두 녹음을 했고, 따라서 그의 아이튠즈 라이브러리에는 새로운 곡이 될 여지가 있는 소스들이 많이 담겨 있다. 가령 윌의 드럼 비트와 그 메아리가 절묘하게 조화를 이루는 소리, 밴드가 몇 달 동안 곡을 다듬어온 과정 등이 담겨 있다. 그와 비슷하게 스튜디오에서 나온 온갖 아이디어들과 진행 과정 또한 잘 보존되어 있다.

곡들은 계속해서 진화했다. 처음 만들어졌을 땐 여린 피아노

사운드 위주의 곡이었던 'Lost'는 결과적으로 잔뜩 거들먹거리는 느낌의 곡이 됐다. 하지만 코드와 멜로디는 원래의 곡과 크게 다르지 않다.

"Viva la Vida 초반 작업 땐 한 곡에 세 개의 버전이 있는 경우도 있었어요. 주로 저와 브라이언 이노가 어떤 버전으로 추진할지를 결정했죠. Mylo Xyloto 앨범 작업 땐 비교적 유동적이었어요. 여러 버전을 놓고, 보다 유기적인 방법으로 최상의 것을 골랐죠." 드래브스가 말했다.

앨범의 콘셉트는 바뀌었지만, 크게 항로를 이탈하지 않는 자연스러운 변화였다고 심슨은 설명한다. 이 앨범은 점점 상승되는 인스트루멘탈 트랙으로 시작해 'Hurts Like Heaven'으로 이어진다. 'Hurts Like Heaven'은 글래스턴베리와 같은 대형 공연을 염두에 두고 만들어진 곡이다. "몸이 풀리는 곡이에요. 공연에 바로 몰입이 되죠. 일종의 준비 운동 같은 거예요." 크리스가 말했다.

Mylo Xyloto 시기의 뮤직비디오와 무대 연출에는 보다 실험적인 접근이 많아졌다. 첫 싱글 'Every Teardrop is a Waterfall' (2011년 6월 3일)의 출시와 함께 Mylo Xyloto는 그 화려한 존재를 드러냈다. 밴드가 가는 곳이면 어디든 거리 미술 street art 이 따라다녔다. "우린 자유로운 표현이 너무 좋았어요. 미술

의 대가가 아니어도 자기가 원하는 대로 그릴 수는 있잖아요. 어둠과 우울함 속에서 색을 찾는 것이 이 앨범의 주제죠."
콜드플레이는 새로운 투어에 앞서 극적으로 달라진 무대 디자인을 원했다.

브리스틀을 기반으로 활동하는 그래피티 아티스트 패리스는 어느 날 갑자기 미스티 버클리에게서 걸려온 전화를 받았다. 음악하는 밴드와 함께 일해보지 않겠냐는 제안이었다. 패리스는 직접 만나보기 전까지 그들의 정체를 몰랐다.

패리스가 보조하는 가운데 멤버들은 9개의 패널이 합쳐진 형태의 거대한 그래피티 벽화를 완성했다. 이 작품은 앨범 아트워크의 핵심 요소가 됐다. 패리스는 크리스 새먼에게 이렇게 말했다. "콜드플레이 멤버들은 벽에 많은 걸 그리고 싶어 했어요. 어떻게 하는지 시범을 보이는 한편 저만의 스타일을 투영했죠. 가이는 페인트 폭탄을 쓰고 싶어 했어요. 그래서 다음 날 페인트를 넣은 풍선을 잔뜩 불어서 던지게 했죠. 그런 다음 긁는 효과를 더했어요. 정말 멋진 벽화가 완성됐죠."

패리스는 매트 화이트크로스가 진행하는 스톱 모션 애니메이션 비디오 작업에도 호출됐다. 'Every Teardrop is a Waterfall' 비디오에서 그는 자신의 팀과 함께 런던 밀레니엄 밀스에 있는 벽에 작화를 했다. "주제가 정해져 있고 세부적인 계획이 짜여 있었어요. 하지만 동시에 우리만의 해석을 할 수 있게 해줬죠. 가령 심장이 뛰는 것을 그리되 어떻게 표현할지는 알아서 하라는 식이었어요. 3일 내내 쉬지 않고 일했어요." 패리스가 말했다.

한 공간을 칠하고 다음 공간으로 이동하면 스태프들이 달라붙어 벽을 흰색으로 덧칠해 원상복구를 하는 식으로 촬영이

진행됐다.

두 번째 싱글인 'Paradise'는 멋진 뮤직비디오 덕분에 유튜브 조회수 10억 이상을 달성했고, 2010년 영국 다운로드 횟수 1위를 차지했으며, 41만 장이 팔려나갔다. "주위에 다른 곡들이 쌓일 수 있도록 주춧돌 역할을 해준 곡이에요. 앨범에 이런 곡이 최소 한 개는 있어야 돼요. 다른 곡을 쓸 수 있도록 동기부여를 해주거든요." 크리스가 말했다.

필은 오디션 프로그램인 〈엑스 팩터〉 측에서 시즌 결승 진출자들이 부를 곡을 부탁했다고 크리스에게 전했다. 그러자 크리스는 피아노 앞에 앉아 완성된 버전의 'Paradise'를 들려줬

오른쪽 Mylo Xyloto 투어 전 구역 통행증.
아래 밀러가 찍은 스톡홀름 공연 사진. 팬들이 자일로밴드 불빛으로 콜드플레이를 맞이하고 있다.

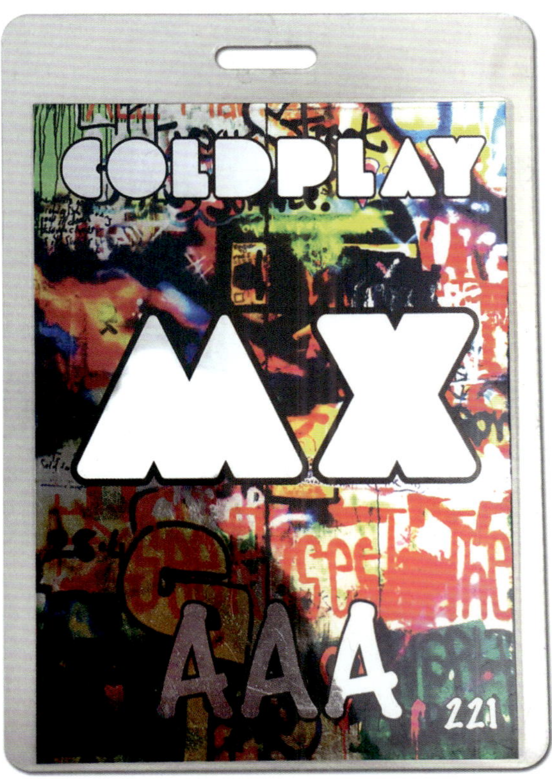

다. 1년이 지난 뒤 콜드플레이는 해당 프로그램에 출연해 라이브로 그 곡을 연주했다. 그리고 일주일 후에 'Paradise'는 영국 차트 1위를 차지했다.

"앨범 녹음 작업 초반에 우린 어쿠스틱 편성의 연주를 많이 했어요. 그러면서 소소한 사운드로 구성된, 친밀하고 사색적인 음반을 만들어야겠다는 생각을 했죠. 그즈음에 'Paradise'를 만들었는데 어쿠스틱 편성으로는 연주하기가 힘들었어요. 그래서 일단 이번 앨범은 이렇게 끝내고 다음 앨범 때 해야겠다고 생각했죠." 윌이 말했다. TV 프로그램에 곡을 주지 말고 밴드가 갖자고 강력하게 주장한 것은 윌이었다.

웰컴 투 파라다이스

'Paradise'에 어울리는 뮤직비디오를 제작하는 것은 쉽지 않았다. 이미 두 개의 안이 거절을 당한 상황이었다. 시간이 촉박해지자 크리스는 매트 화이트크로스에게 연출을 부탁했다. 화이트크로스는 짧은 시간 안에 외바퀴 자전거를 타는 코끼리가 출연하는 명작을 만들어냈다. 그 뮤직비디오의 콘셉트를 처음 구상한 것은 크리스였다.

카메라는 코끼리 복장을 착용한 채 런던의 파라다이스 야생동물 공원에서 탈출하는 크리스를 쫓는다. 지하철을 타고 공항에 간 코끼리는 남아프리카공화국으로 향한다. 그곳에서 코끼리는 외바퀴 자전거를 타고 한참을 가서는 자신처럼 코끼리 복장을 한 밴드와 만난다.

크리스는 어린 시절에 외바퀴 자전거 타는 법을 익혔다.

"데번주는 너무 촌구석이라 1996년까지 두 발 자전거가 보급되지 않았어요. 그래서 직접 외바퀴 자전거를 만들어서 타고 놀았죠." 크리스가 우스갯소리로 말했다.

크리스는 자신의 정체를 드러내지 않은 채 촬영에 임하기를 원했다. 하지만 결국 남아프리카공화국의 무더위 속에서 코끼리 탈을 벗고 말았다. Mylo Xyloto의 세 번째 싱글인 'Charlie Brown'은 전혀 다른 방식으로 만들어졌다.

"스쿠터를 도둑맞았어요. 그러고는 생각했죠. 어떤 여정이 그 스쿠터를 기다리고 있을까? 'Charlie Brown'은 그 생각으로부터 출발했어요." 크리스가 말했다. "'Charlie Brown'은 우리가 애초에 진행했던 앨범 방향에서는 중심이 되는 곡이었어요. 아코디언으로 리프를 연주하는 편성이었는데 어느 날 아침 가이가 들어오더니 말했어요. '미안하지만 이건 꼭 말해야겠어. 주제넘은 소리로 들릴지 모르겠는데, 이 곡을 아코디언으로 연주하는 건 허락할 수 없어.'"

콜드플레이는 네 번째 싱글인 'Princess of China'로 자신들의 꿈을 실현시켰다. 가사 속의 여성 캐릭터가 어느 정도 만들어지자 크리스는 그 파트를 부를 가수로 리아나를 떠올렸다.

"라스베이거스에서 같이 공연을 했을 때 혹시라도 가능성이 있는지 물어봤어요. 전 휴 그랜트처럼 버벅대면서 말했죠. 뜻

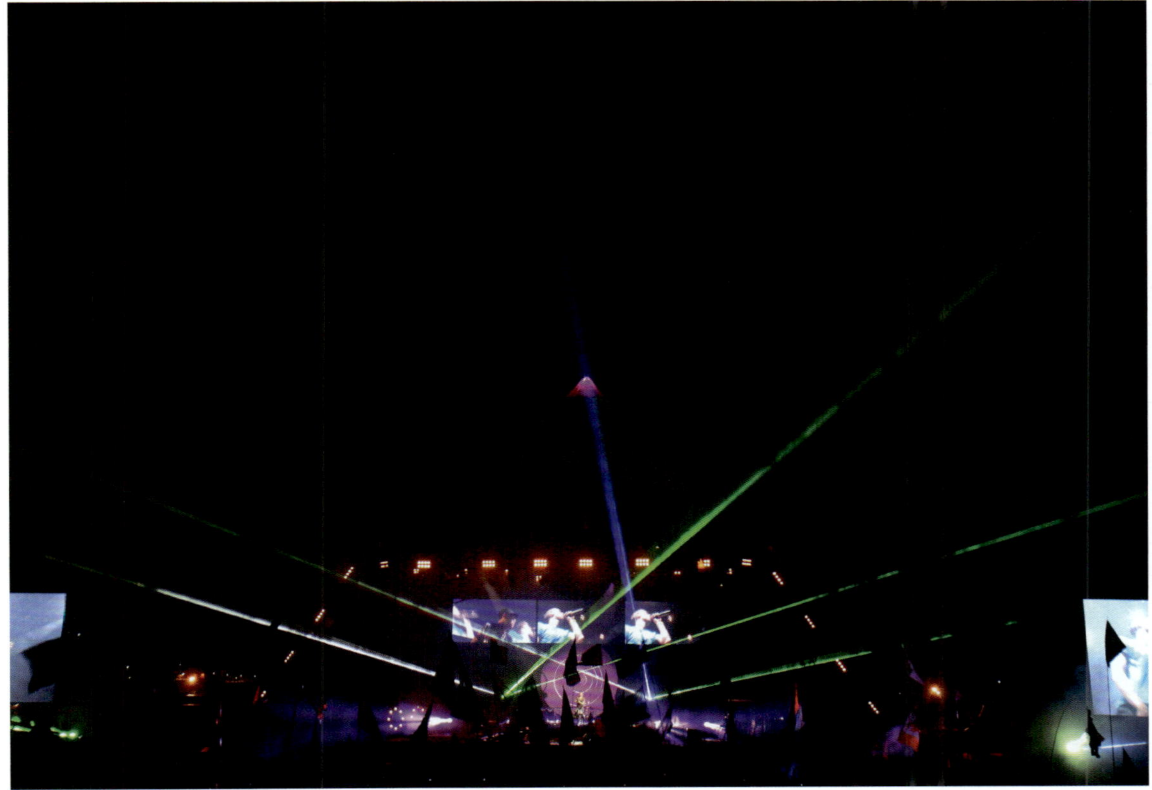

밖에도 리아나가 흔쾌히 수락해줬어요."

"Viva la Vida에서는 다른 인물의 관점으로 제 생각을 이야기했는데 그런 시도가 재미있었어요. 'Princess of China'는 소녀의 관점이죠. 전 무슨 말을 하고 싶었던 걸까요?" 크리스가 말했다.

Mylo Xyloto는 흥겨운 팝 넘버들로 가득 차 있다. "다채로운 색을 띤 앨범이죠. 좋은 색인지 나쁜 색인지는 모르겠어요. 하지만 색이 다양한 건 확실해요." 크리스가 말했다.

5월이 되자 'Every Teardrop is a Waterfall'의 가사가 공개되기 시작했고, 이후 정식 발매됐다. 한편 런던의 공연장인 포럼(콜드플레이는 신예였던 1999년부터 이곳에서 리허설을 하곤 했다)에서는 비밀 공연이 열렸다. 유럽 투어를 떠나기 전, 소수의 관객 앞에서 한 조촐한 공연이었다.

밴드는 이때 포럼에 초대된 제이슨 레글러의 허가를 받아 라이브 공연에 화려한 색감을 더할 수 있는 방법을 모색했다. 레글러는 뉴캐슬에서 열린 크라이시스 자선 공연에서 콜드플레이와 만날 수 있는 기회를 낙찰받았지만 폭설로 인해 공연장에 가지 못했다. "아들이 우리의 광팬이라는 편지를 보냈어요. 제가 왜 답장을 썼는지 아직도 잘 모르겠어요. 찾아오시라고 했죠." 필이 말했다. 레글러는 적절한 때를 기다렸다가 필에게 이야기를 꺼냈다. "아 참, 제 직업은 발명가예요. 불이 들어오는 팔찌를 구상 중인데 갑자기 생각이 났네요."

필과 레글러는 밴드 멤버들의 의견을 수렴해 곧 있을 투어에 사용하는 것을 목표로 자일로밴드 생산에 착수했다. 이 발명품은 콜드플레이의 혁신적이고 컬러풀한 면모를 더욱 부각시켜줬다.

글래스턴베리 - 5부

콜드플레이는 6월에 글래스턴베리 페스티벌에서 공연하기로 스케줄이 잡혀 있었다. 새 앨범 발표를 앞두고 패닉 상태로 무대에 올랐던 2002년과 달리, 이번에 순회할 여러 여름 페스티벌에서는 신곡 위주의 무대를 선보이기로 결정이 됐다. 'Every Teardrop is a Waterfall'과 'Charlie Brown'은 전 앨범의 'Viva la Vida'가 그랬듯 라이브 페스티벌 무대에 최적화된 신나는 곡들이었다.

2011년 6월 11일, 콜드플레이는 세 번째로 헤드라인 무대를 장식했다. "공연이 끝나고 난 뒤 분장실 분위기가 아직도 생생해요." 크리스 새먼이 말했다. "콜드플레이는 그보다 나은 공연을 상상할 수 없을 만큼 모든 걸 쏟아 부었어요. 밴드와 팀 전체에 동심과도 같은 순수한 기쁨이 감돌았죠. 보고 있는

것만으로도 흐뭇했어요."

2년이 지난 2013년, BBC 라디오는 당시 콜드플레이의 무대를 '글래스턴베리 역사상 최고의 순간'으로 선정했다. 멤버들과 오랜 친구인 조 와일리는 당시 라디오 방송에 출연했다. "밴드에겐 정말 큰 의미죠. 어린 시절부터 동경하던 페스티벌에 신예 밴드로도 참가해보고 헤드라인 무대도 장식해봤으니까요. 이번 공연은 그들의 인생과 커리어에서 가장 중요한 공연이었을 거예요. 친구로서 너무 기쁘네요. 헤드라인을 장식하기에 무대 세트 또한 정말 완벽했어요."

콜드플레이의 무대를 디자인한 사람은 글래스턴베리 파크 스테이지의 크리에이티브 디렉터인 미스티 버클리다. "콜드플레이는 글래스턴베리 페스티벌의 가족 같은 존재죠. 그래서 그들의 참여는 늘 뜻깊어요. 글래스턴베리에서 한 Mylo Xyloto 공연은 정말이지 상상을 초월했어요. 레이저 쇼는 피라미드 스테이지를 더욱 화려하게 수놓았죠. 관객들 한 명 한 명에게까지 레이저가 닿아 모두를 하나로 묶어줬어요. 기가 막혔죠."

2011년 10월 26일, Mylo Xyloto 발매 기념 공연에서 자일로 밴드의 존재가 처음으로 모습을 드러냈다. 마드리드의 라스 벤타스 투우 경기장은 빛으로 수놓인 장관을 연출하기에 더없이 좋은 공연 장소였다.

형광 팔찌의 첫 출연 시각은 사전에 정해져 있었다. 마드리드 공연이 라이브로 방송될 예정이었기 때문에 정확한 공연 시간이 미리 계획되어 있었기 때문이다. 미리 테스트를 해보지 않은 제품을 사용하는 것이었기 때문에 일종의 모험을 감수해야 하는 상황이었다. 레글러는 그 공연을 이렇게 회상했다.

"어마어마한 관중들의 함성을 들으니 긴장감이 극에 달했
죠. 정말 미칠 뻔했어요." 레글러는 찬란하게 빛나는 자일로
밴드의 물결을 보고서야 안도감을 느끼며 제대로 숨을 쉴 수
있었다.

효과는 상상을 초월했다. "정말 엄청났죠. 동시다발적으로 불
빛이 켜지면서 거대한 에너지가 밀려오는 게 느껴졌어요. 관
객은 환희에 빠진 채 하나가 됐죠." 필이 말했다.

"팔찌에 일제히 불이 들어오면서 난생 처음 보는 장관이 눈앞
에 펼쳐졌죠. 정말 감사하는 마음이 들었어요." 크리스도 동
의했다.

"우리는 Viva la Vida 투어 때부터 자일로밴드 같은 게 필요

위 뎁스가 촬영한 윌과 매트 화이트크로스의 사진.
왼쪽 뎁스가 촬영한 개빈 아헌, 나오미 힐턴, 조니, 존 힐턴의 사진.
옆 2011년 10월 15일, 조너선 로스의 토크쇼에 출연해 'Paradise'를 연주한 콜드플레이.
아래, 뒤 2015 iHeartRadio 뮤직 페스티벌 무대에 선 콜드플레이. 라스베이거스
MGM's 그랜드 가든 아레나. 2015년 9월 18일.

COLDPLAY

COLDPLAY
085
VIP

COLDPLAY
ON EVERY SURFACE
275
AAA
CUBEPASSES.COM

COLDPLAY
465
VIP

COLDPLAY

MYLO XYLOTO

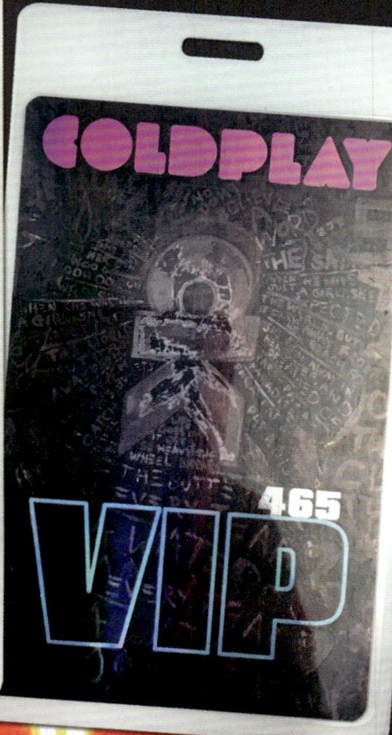

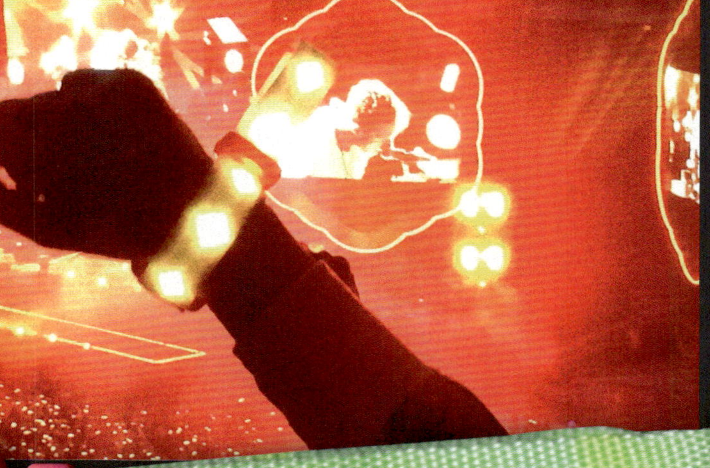

❝ 앨범 작업을 마무리할 때 즈음이면 빨리 무대에 서고 싶은 생각에 몸이 근질거려요. 반대로 18개월째 투어를 하다 보면 스튜디오에 처박히고 싶다는 생각밖에 안 들죠. ❞

월

했어요. 큰 공연장에서 관객 모두를 하나로 묶어주고, 공연의 일부로 만들어줄 수 있는 무언가를 찾았죠. 하지만 이렇게 효과적인 건 끝끝내 찾지 못했었어요." 조니가 말했다. Mylo Xyloto와 자일로밴드의 만남은 마법을 불러일으켰다. "공연의 시작 지점에 팔찌가 큰 도움이 됐어요. 모두에게 큰 기쁨을 줬고, 무엇보다 아름다웠죠." 레글러가 말했다.

그 후 몇 개월 동안 자일로밴드는 다음 투어에 대비해 발전 공정을 거쳤다. "필은 팔찌를 어떻게 공연에 사용할지에 대해 연구했어요. 우리가 사용할 수 있는 새로운 아이디어와 기술을 찾기 위해 인터넷, 서적, 연극, 영화, 방송 등을 닥치는 대로 뒤졌죠." 윌이 말했다. "우리는 아무도 시도하지 않은 것들을 생각해내는 사람들과 일하는 걸 좋아해요."

"항상 가장 멀리에서 바라보는 관객을 생각해요." 필이 말했다. "투어 중에 저는 제일 뒷좌석에서 공연을 볼 때가 많아요.

그곳에서 사람들이 어떤 경험을 하고 돌아가는지 공감하기 위해서죠. 밴드와 가까이에 있다고 느끼게 하는 건 어려운 일이에요. 하지만 우리는 그것이 가능하도록 노력하고 있어요. Mylo Xyloto 투어 당시 객석 가운데에 제작한 무대에서도 연주를 했죠. 우리끼리는 그곳을 C스테이지라고 불러요. 우리는 공연에 돈을 지불하고 찾아오는 관객 한 명 한 명에게 감사하는 마음을 갖고 있어요. 절대 그것을 당연하다고 여기지 않아요. 뒷줄에 앉은 관객들이 소외감을 느끼지 않고, 멋진 경험을 하고 돌아갔으면 해요."

자일로밴드는 콜드플레이 공연에서 매번 큰 재미를 보장해주

옆 위 팔찌와 Mylo Xyloto 투어 통행증.
옆 아래 자일로밴드 불빛으로 고향에 돌아온 콜드플레이를 반기는 관중들. 2012년 6월 2일, 런던 에미레이트 스타디움.
아래 독일 쾰른의 랑세스 아레나에 휘날리는 꽃가루. 2011년 12월 15일.

는 요소다.

"자일로밴드를 도입한 이후 모든 사람이 팔찌로 불을 밝혀요! 우리가 이 엄청난 떼창에 반주해주는 하우스 밴드가 된 느낌이 들기도 해요." 크리스가 말했다.

레글러는 발명의 의도에 대해 이렇게 이야기했다. "많은 사람들에게 행복을 나눠주고 싶었어요. 음악으로 하나가 되는 모습을 보고 싶었죠. 그게 우리의 꿈이고, 목표이고, 나아갈 곳이에요. 필 하비가 가능성을 알아보고 일을 추진해서 이 모든 게 가능했죠." 그의 계획은 크게 성공했다.

"대규모 투어가 끝나면 공허함이 밀려와요." 크리스가 말했다. "2년 동안 매일 밤 누군가에게 필요한 사람으로 존재해야 한다고 생각해봐요. 엄청난 에너지가 나를 감쌌다가 또 금방 사라져요. 그러고는 제 사생활에 일어나는 일들을 감당해야 하죠. 너무나 많은 것들이…… 제자리에 있지 않아요."

크리스가 언급한 사생활에 관한 부분은 한층 가라앉은 느낌의 다음 앨범에서 더없이 진솔하게 투영된다.

❝ 우리가 대형 공연장이나 경기장에서 연주하기에 어울리지 않는 음악을 하는 밴드였다면 꽤 힘들었을 것 같아요. ❞

가이

위 54회 그래미 어워드에서 'Princess of China'를 연주하기 직전의 크리스. 2012년 2월 12일, 캘리포니아 로스앤젤레스 스테이플 센터.

왼쪽 스페인 마드리드를 열광시킨 콜드플레이. 2012년 5월 20일, 비센테 칼데론 경기장.

패럴림픽 폐막식

2012년 9월 9일, 런던 올림픽 파크 스타디움 무대에 선 콜드플레이는 8만 관중 앞에서 16곡을 연주했다. JAY-Z와 리아나 외에도 1,200명의 출연진이 콜드플레이의 무대를 서포트했다. 칸두코 댄스 컴퍼니, 찰리 헤이즐우드의 파라오케스트라, 헬프 4 히어로즈 자선 단체, 패럴림픽 선수단 등이 출연한 가운데 콜드플레이는 전체 퍼포먼스의 중심이 됐다.

"책임감에 어깨가 무거웠어요. 폐막식이기도 하지만 패럴림픽 선수들 때문에 더 그랬던 것 같아요." 필이 말했다. "그해 패럴림픽은 주목을 많이 받았어요. 그래서 참가자들을 실망시켜드리고 싶지 않았어요. 저는 좋은 기억밖에 없어요. 밴드가 너무 자랑스러워요."

한편, 행사 시작 전에 기술적인 사고가 있었다.

"당시 거기에 있던 사람들은 평생 그 일을 잊지 못할 거예요. 콜드플레이 차례를 한 시간 앞두고 무대 전력이 두 번이나 나갔어요." 윌의 드럼 기술 담당인 배시가 말했다. "전기 담당자분들이 대처를 잘했어요."

댄 그린도 그날의 악몽을 떠올렸다. "멤버들이 무대에 걸어가는데 전력이 나간 거예요. 우린 공연을 못하게 될 줄 알았어요.

사람들이 허둥대면서 플러그를 꼽았다 뺐다 하고, 한쪽에서는 뭔가 폭발하는 소리가 들리고, 거짓말 안 보태고 무대에 난 구멍으로 사람이 빠지는 사고가 나고, 한마디로 아수라장이었죠. 영화 〈백 투더 퓨처〉에 나올 법한 장면이었어요. 폐막식 공연은 처음부터 끝까지 생방송이었어요. 사실 그런 엄청난 스케일의 쇼를 라이브로 한다는 것 자체가 야심찬 거였죠."

콜드플레이는 출연료로 1파운드를 받았다. 뎁스 와일드는 그날의 장관을 떠올렸다. "너무 많은 일들이 동시에 일어나고 있어서 어디를 봐야 할지 몰랐어요! 그렇게 스펙터클한 광경은 난생 처음 봐요. 모두들 자랑스러워할 만한 순간이었죠."

"이보다 더 명예로운 일은 아마 없을 거예요. 우리 인생에서 가장 뜻깊은 날이었어요." 크리스가 말했다.

아래 2012 런던 패럴림픽 폐막식에서 콜드플레이의 연주와 함께 불꽃이 하늘을 수놓고 있다. 올림픽 스타디움, 2012년 9월 9일. 뎁스 와일드 촬영.
뒤 MENCAP 자선 단체를 돕기 위해 런던 세인트 존 앳 해크니에서 열린 리틀 노이즈 세션 공연에서 조니와 크리스가 어쿠스틱 곡을 연주하고 있다. 2011년 11월 24일.

위 영국 스포츠 역사상 가장 놀라운 순간, 그 중심에 서 있었던 콜드플레이. 뎁스 와일드 촬영.

아래 2012 런던 패럴림픽 폐막식. 리아나와 콜드플레이의 합동 무대. 올림픽 스타디움. 2012년 9월 9일.

CALL
IT
MAGIC

마법이라 불러요

'Magic'

6집 앨범인 Ghost Stories는 이전 앨범들과 전혀 다른 느낌을 풍긴다. 마치 막간극처럼 Ghost Stories는 예고 없이 나타나 팬들을 놀라게 했다. 사랑의 시도와 실연에 대해 솔직 담백한 느낌을 표현한 이 앨범에는 크리스의 힘든 시기가 투영되어 있다. "모든 사람은 도전의 시기를 겪죠. 돈, 육아, 질병 등등. 그런 것들로부터 도망가서는 안 돼요." 크리스가 말했다.

마법을 발휘할 시간

여느 때와 마찬가지로 Mylo Xyloto 월드 투어가 끝나자마자 새로운 곡에 대한 아이디어들이 나오기 시작했다.

크리스는 당시를 '성장하고자 노력했던' 시기라고 설명했다. "크리스는 슬럼프를 극복하기 위한 자신만의 계획을 세웠어요. 다시 삶을 즐길 수 있도록 뼈대를 세운 거죠." 필이 말했다. 그때 만든 뼈대를 토대로 훗날 밝고 긍정적인 색채의 7집 앨범, A Head Full of Dreams가 만들어진다. 하지만 빛을 보기 위해서는 먼저 어두움을 대면해야 한다는 것을 밴드는 알고 있었다.

폴 엡워스, 아비치, 존 홉킨스 등 다양한 프로듀서들과 협업해 만든 Ghost Stories는 절제된 사운드를 담고 있다. 처음 듣는 사람은 우울하고 자기 성찰적인 앨범이라고 생각할 것이다. 하지만 다시 들으면 어둠 속에서 폭발하는 빛의 테마가 느껴진다.

크리스의 사생활에는 많은 변화가 있었다. 하지만 그는 사랑과 실패를 두려워하며 살아가고 싶지 않았다. 연금술(한때는 앨범 제목으로 '연금술'이 거론됐다)에서 영감을 받은 멤버들은 쇠가 금으로 변하듯 부정적 에너지를 긍정적으로 바꿔놓았다. 2013년 2월, 녹음 작업이 시작됐다. 계속해서 영감이 떠올라 녹음을 멈추기 싫을 지경이었다. 첫 몇 주 동안은 가이의 집

위   밀라 푸르스토바와 함께한 콜드플레이.
왼쪽   Ghost Stories CD 표지.
옆   밀라 푸르스토바가 에칭 기법으로 제작한 Ghost Stories 표지 원안.

에서 회의가 있었다. 초반 작업에서 형성된 친밀감은 앨범 톤에 큰 영향을 미쳤다. "Ghost Stories 작업 시기에는 가이의 거실에서 많은 시간을 보냈어요. 벽장에 믹싱 데스크와 건반을 올려놓고 곡을 만들어나갔죠." 크리스가 말했다. 거실이 너무 좁아서 윌은 다른 방에서 따로 드럼 패드(드럼 키트가 들어갈 자리는 없었다)를 설치해놓고 연주해야 했다. "아주 생산적이었죠." 가이가 회상했다. "작업하기에 익숙한 공간도 아니고 장비도 몇 개 없었어요. 꼭 처음 밴드를 결성했을 때 같았죠. 그때는 조니의 침실이었어요."

'Magic'의 도입부 베이스 리프는 이 과정에서 만들어진 첫 결과물 중 하나였다. "저 말고 다른 사람이 곡을 시작하면 안되겠냐고 멤버들한테 애원했어요. 어느 날 스튜디오에서 가이가 조용히 다가오더니 말했어요. '크리스, 어제 우리가 했던 합주 녹음한 거 말인데, 네가 들어보는 게 좋겠어' 그게 'Magic'의 도입부가 됐어요. 너무 고마웠어요, 가이 덕분에

행복해졌죠." 크리스가 말했다.

릭 심슨, 댄 그린과 함께 프로듀서로 비하이브 스튜디오에 합류한 폴 엡워스는 아델과 작업했던 것으로 유명하다. 콜드플레이 멤버들은 엡워스가 프로듀싱한 퓨처헤즈의 음악을 좋아했다. Viva la Vida를 함께 만든 존 홉킨스는 앨범의 첫 번째 싱글인 'Midnight'을 프로듀싱했다. 2003년에 홉킨스가 만든 'Amphora'는 'Midnight'의 모태가 되는 곡이다. "'Magic'과 'Midnight'의 공통점은 원안이 저한테서 나오지 않았다는 점이에요."

'Midnight'은 우연히 만들어진 곡이다. 비하이브에서 곡을 만들던 시기에 존 홉킨스, 릭 심슨, 댄 그린이 한자리에 모여 있었다. 크리스는 며칠 전 홉킨스와 함께 작업한 트랙을 틀어달라고 그린에게 부탁했다. 그 트랙이 썩 좋지 않다고 생각한 그린은 자신이 잘못 들었다고 지레짐작했다. 그가 대신 튼 곡은 1년 전에 작업해놓은 트랙이었는데, 크리스는 그 곡에 대

해 까맣게 잊고 있었다. "크리스가 저와는 아무 연관이 없는 하모나이저 사운드로 곡을 만들고 있었죠. 제 곡을 배경에 깔 아놓고 잽싸게 그 위에 연주를 입히더라고요. 정말 놀라운 순 간이었어요. 명곡의 씨가 뿌려졌다는 걸 다들 직감했어요." 홉킨스가 말했다.

모두 'Midnight'이 Ghost Stories의 메인 사운드가 되어야 한 다는 데에 동의했다.

릭 심슨은 계획 없이 진행된 이 협업에 대해 이렇게 말했다. "창의력이 부글부글 끓는 게 느껴졌어요. 제 역할은 큐레이터 에 가까웠던 것 같아요. 다양한 색이 한데 어우러지는 걸 보 니 너무 만족스러웠어요."

공식적인 첫 싱글인 'Magic'은 2014년 3월 3일에 발매됐다. 흑백으로 촬영된 뮤직비디오에서 크리스는 선역과 악역을 모 두 연기했다. 감독은 조나스 에이커런드이며, 크리스는 역할 을 위해 조 라베로에게 마술을 배웠다.

불을 켜놔 LEAVE A LIGHT ON – 'Midnight'

'Midnight'이 새벽의 어둠을 상징한다면, 끝에서 두 번째 트 랙인 'A Sky Full of Stars'는 터널 끝의 빛을 상징한다. 보통 의견이 갈리는 경우 멤버들은 토론, 논쟁, 투표를 거쳐 곡을 앨범에 실을지 결정한다. 이 시기에 의견이 갈렸던 유일한 곡

COLDPLAY
◆
GHOST STORIES

A BIG thank you for accepting the **TOP SECRET** mission to hide the enclosed sealed envelope for us in a book in a library in your city. Here are your instructions!

1. On Monday 28 April (or soonest day afterwards if you can't do that day) please take the sealed envelope to the main/biggest public library in the city where you live.

2. Find a book which could be described as a Ghost Story - ie a story which has some spooky, spirit-y element. It could be Charles Dickens' A Christmas Carol or Shakespeare's Richard III or Edgar Allen Poe's The Raven, or a book of local spirit tales or even just a book of children's spooky Halloween stories. Anything which is vaguely spooky. If you can't find one of your own, just use one of the above, please.

3. Place the sealed envelope in the middle of the book. Please make sure that nobody sees you doing this.

4. Don't forget to make a note of the title and author of the book that you placed the envelope in. We will need this in order to give clues to the location.

5. If there is nobody around, then please take a quick photo of the book on its shelf with the cover facing out, before you put it back.

6. Put the book back and walk away looking innocent!

7. Email us at [email] as soon as you can, to tell us the name of the library and the street it's on, plus the name and author of the book where you left the envelope.

Remember, nobody must know that you're doing this! Please don't tell a soul or post anything online about it!

THANK YOU!

위 크리스의 손글씨로 적힌 Ghost Stories 가사집이 편지와 함께 동봉되어 보물찾 기처럼 세계 곳곳에 있는 도서관에 숨겨졌다.
아래 공연 전, 팀워크를 다지는 멤버들 사이에 낀 뎁스 와일드. 카지노 드 파리, 2014년.
옆 호주에서 'A Sky Full of Stars' 뮤직비디오 촬영 당시 팬이 찍은 사진.

은 'A Sky Full of Stars'였는데 크리스 외에 다른 멤버들은 곡에 대한 확신이 없었다.

이 곡은 비교적 부드럽게 느껴지는 다른 트랙들과 자연스럽게 어우러지지 않는다. 히든 트랙으로 하자는 얘기도 나왔지만 크리스는 정식 트랙이 돼야 한다는 고집을 꺾지 않았다. 다른 멤버들이 곡을 싫어한 것은 아니었다. 댄 그린은 이렇게 말했다. "이미 완성된 곡이 멤버들의 심사를 받은 경우는 처음이었어요." 크리스는 자신이 다른 멤버들을 두고 바람을 핀 것과 마찬가지라고 회상했다. "피아노 앞에 앉아 있는데 이 곡이 저절로 쏟아져 나왔어요. 7분 만에 완성됐죠! 다른 멤버들은 거기에 없었어요. 전 팀 아비치를 불러서 데모를 만들 수 있겠냐고 물었죠. 얼마 안 있어 피아노와 신시사이저로 멋진 사운드를 만들어줬어요." 크리스가 말했다.

출발 단계의 상황이 썩 좋았던 것은 아니지만 멤버들은 모두 앨범의 결과에 만족했다. Ghost Stories는 멤버들이 자진해서 만든 앨범이다. 크리스는 A Rush of Blood to the Head 이후 처음 있는 일이었다고 한다. "개인적으로 Ghost Stories는 더 강해지고 행복해지기 위한 여정이었다고 생각해요. 시련에 의해 파괴되는 것이 아니라 다시 생성되는 거죠."

마일스 레너드는 Ghost Stories가 갖는 의미에 대해 말했다. "정말 중요한 앨범이라고 늘 생각했어요. 당시 밴드는 이미 너무 거대해졌기 때문에 이렇게 친근한 앨범을 만드는 것이 쉽지만은 않았죠."

처음 촬영된 'A Sky Full of Stars'의 뮤직비디오는 밴드의 기대에 미치지 못했다. 그래서 다시 한번 매트 화이트크로스가 막판에 호출됐다. 필은 트위터에 6월 17일, 호주에 사는 보조 출연자들(당시 밴드가 호주 투어 중이었다)을 모집한다는 글을 게시했다. "내일(화) #ASFOS 뮤직비디오에 출연할 250명의 팬이 필요해요. 11시 30분에 시드니 뉴타운 오스트레일리아 스트리트 202번지 코트하우스 호텔에서 만나요. 기쁜 마음으로 만나요. 필 하비." 버려진 뮤직비디오는 크리스가 스쳐 지나가는 가게의 TV 화면에 잠시 나온다.

천국 같은 광경 A HEAVENLY VIEW – 'A Sky Full of Stars'

녹음이 시작되기도 전에 콜드플레이는 체코 출신의 작가 밀라 푸르스토바에게 앨범 표지를 의뢰했다. 밀라는 콜드플레이와 만나기 몇 해 전 어느 날, 자신의 연인인 얀이 갑작스럽게 의식을 잃고 사망했다는 소식을 들었다.

그날 저녁 밀라의 친구인 카테리나는 노트북을 열고 음악을 들려줬다. Viva la Vida 앨범이었다. "큰 존재가 제 어깨를 감싸는 것 같았어요. 온몸이 차분해지면서 제 안에 사랑의 기운이 감도는 게 느껴졌죠."

푸르스토바는 콜드플레이에게 감사 편지를 쓰려고 생각했지만 실제로 보내지는 않았다.

"2년 후에 콜드플레이가 먼저 저에게 연락했어요." 그녀가 말했다. 비슷한 시기에 밀라의 에이전트는 필의 집에 푸르스토바의 작품이 있는 것을 알게 됐다.

밀라의 작품이 Ghost Stories의 주제를 시각적으로 표현해줄

> **❝ 작업하기에 익숙한 공간도 아니고 장비도 몇 개 없었어요. 꼭 처음 밴드를 결성했을 때 같았죠. ❞**
>
> 가이

수 있다고 생각한 필은 베이커리 스튜디오 벽을 그녀 작품으로 가득 채웠다. "밴드 멤버들은 제 작품을 보도록 강요당했죠. 아마 짜증났을 거예요." 밀라가 말했다.

크리스는 그녀의 작품들을 처음 봤을 때 수영하는 바다사자들을 중심 모티브로 삼고 싶었다. 바다 속에서 무중력 상태처럼 잠수하는 모습이 유령처럼 보였기 때문이다. 하지만 'Blue Dream III(은색 실로 된 날개를 달고 있는 여자의 토르소)'라는 에칭 작품을 보고는 마음이 바뀌었다. 날개는 작가의 여정과 꿈들을 내포하고 있다.

L.A.에 있던 크리스는 밀라에게 전화를 걸어 앨범 이야기를 전달하는 뼈대로 날개 그림을 사용해도 좋을지 물었다.

밀라는 미완성 앨범을 반복해서 들었다. "듣는 순간 사랑에 빠졌어요. 들으면 들을수록 사랑이 깊어졌죠. 제 작품이 마음껏 표류할 수 있는 환경이 되겠다고 생각했어요. 순수하고, 진심이 담겨 있고, 사랑에서 출발한 게 느껴졌으니까요."

트렁크 애니메이션 스튜디오는 밀라의 작품에 생명을 불어넣었다. Ghost Stories가 발매되기 1주일 전부터 앨범 스트리밍 서비스가 시작됐는데, 각 곡마다 애니메이션이 함께 재생됐다.

최첨단 무대 효과

앨범의 성향에 따라 거대 규모의 투어 대신 6일 동안 홍보 투어를 하자는 의견이 멤버들에게서 나왔다. 일시는 2014년 4월에서 7월까지였다.

그중 2014년 3월 23일, 캘리포니아 소니 스튜디오에 특설된 원형극장 공연이 가장 스펙터클했던 공연으로 꼽힌다. 관객 수는 800명이었다.

사방이 객석인 무대였기 때문에 필은 폴 노먼데일, 미스티 버클리와 함께 360도로 투사되는 프로젝션 장치를 디자인했다. 2017년 말까지 비주얼 프로젝트 담당을 맡은 스테판 데메트리오도 그 자리에 있었다. "작업은 다 해놨는데 정작 공연에 안 쓰인 것들이 정말 많았어요. 모든 곡마다 영상이 만들어져 있었죠." 데메트리오가 말했다.

"360도 무대에 가상 천장과 벽이 있는 걸 구상했죠. 그 벽과 천장에 영상이 투사되는 거예요." 필이 말했다. "기술적으로 큰 도전이었고 예산도 엄청나게 들었죠. 왜 그런 순간들이 있잖아요. '우리가 진짜 저걸 한 거야? 왜 아무도 안 말렸어?' 정말 즐거웠어요. 독창적이고 아름다웠죠. 투어에서 쓸 일은 없을 거예요. 들고 이동할 수 있는 차원이 아니거든요."

STARS

이후 공연에는 별 모양 꽃가루 효과가 사용됐지만, 비교적 간단한 무대 효과를 사용한 Ghost Stories 투어에는 종이접기로 만든 별 등 다양한 소품이 무대 곳곳에 걸려 있는 효과가 채택됐다. 미스티 버클리는 팬들도 직접 별을 만들어서 SNS에 올릴 수 있도록 설명서(오른쪽)를 제공했다. 미스티의 동료인 로라 우드로프와 리처드 올리비에리는 Ghost Stories 홍보 투어에 사용된 500개의 별을 직접 접었다.

아래 2014년 5월, 글래스고 원 빅 위크엔드 쇼 당시 밴드의 분장실 앞에 걸려 있는 빛나는 별 장식. 뎁스 와일드 촬영.

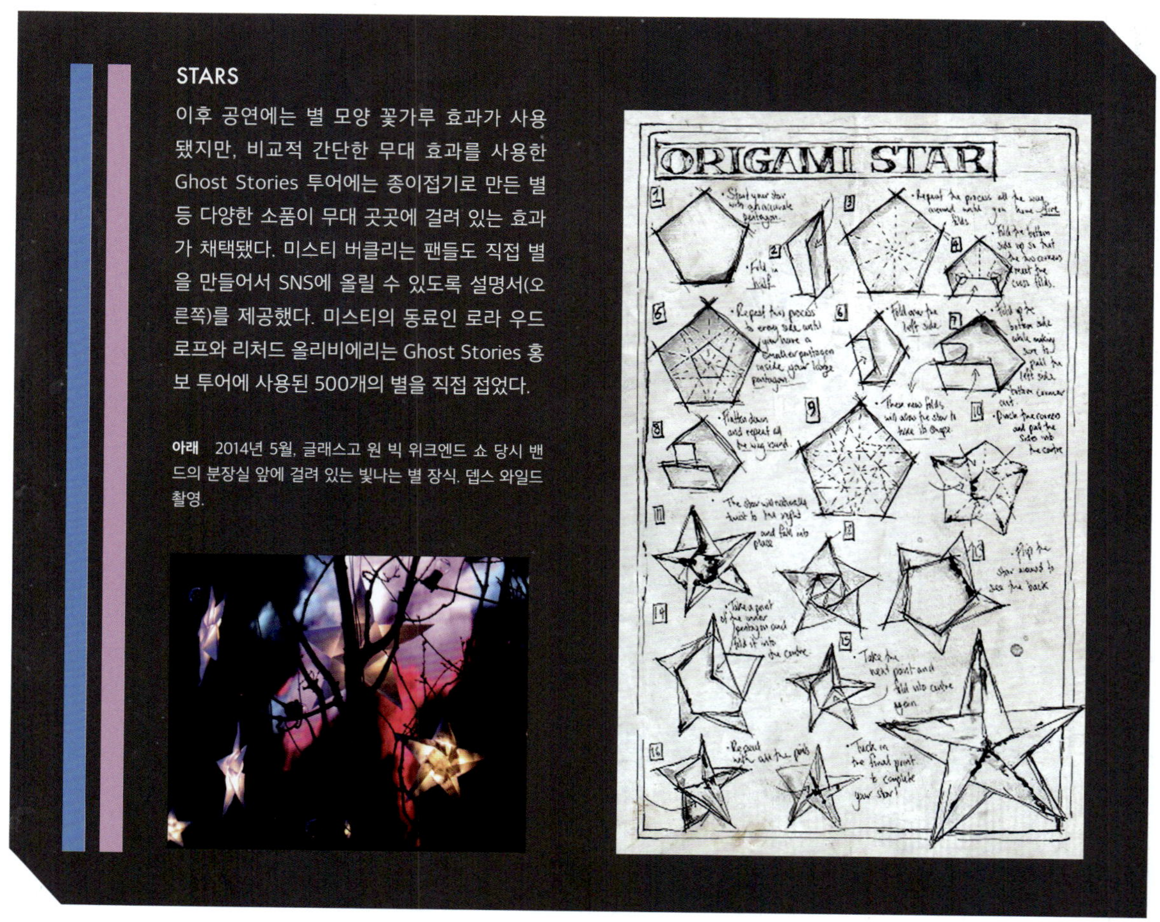

스티브 스트레인지는 이렇게 회상했다. "우린 이 공연이 풀 라이브 세팅보다는 스튜디오 작업의 연장선에 가깝다고 생각했어요. 주요 도시들을 선정해서 공연했죠."

영국으로 돌아온 콜드플레이는 2014년 7월, 로열 앨버트 홀에서 이틀 동안 공연했다. Ghost Stories 공연을 하기에는 최적의 장소였다.

폴 더그데일이 감독한 Ghost Stories Live DVD가 출시됐다. 객석과의 친밀한 소통이 잘 담긴 실황 비디오다.

Ghost Stories 발매 후 12개월이 지난 2015년 5월 12일, 별다른 추측성 기사나 루머가 돌기도 전에 7집 앨범의 타이틀이 A Head Full of Dreams가 될 것이라는 발표가 있었다. 뉴스는 콜드플레이가 Ghost Stories의 우울한 감성을 털어내고 형형색색의 밝은 미래로 향하고 있다고 전했다.

> **❝** 왜 그런 순간들이 있잖아요. '우리가 진짜 저걸 한 거야? 그런데 왜 아무도 안 말렸어?' **❞**
>
> 필

아래 2014년 5월, 글래스고 원 빅 위크엔드 쇼 당시 무대 측면에서 뎁스 와일드가 찍은 사진. 무대 세트를 잘 알고 있었기에 멋진 순간을 포착할 수 있었다.

뒤 런던 로열 앨버트 홀에서 공연을 마치고 인사하는 콜드플레이.

CHRIS
MARTIN

크리스 마틴

크리스 마틴은 20년 동안 노래를 통해
자신만의 독창적인 인생관을 대중들과 공유했다.
세계 최고의 밴드를 대변하는 인물인 그는
양쪽 어깨에 엄청난 책임감을 짊어지고 있다.
밴드가 새로운 단계에 돌입하는 이 시점에,
우리는 자신감을 되찾은 보컬리스트 크리스 마틴을 보고 있다.
이제 그는 마음의 평안을 얻었다.
"역사 속 위인과 인생을 바꿀 기회를
준다고 해도 거부하겠어요.
난 그냥 나인 게 좋아요."

줄 서서 기다릴게 WAITING IN LINE - 'Shiver'

크리스는 데번의 엑서터 근처에 있는 화이트스톤에서 자랐다. "어렸을 땐 촌스러운 음악을 주로 들었어요. 대학교에 들어가서 조니, 팀이라는 친구와 어울리면서 이것저것 알게 됐죠." 조니와 마찬가지로 크리스는 한적한 마을에서 유년기를 보냈다. "런던에 가기 전까지는 우리 동네 밖에서 무슨 일이 일어나는지 전혀 몰랐어요. 진짜 아무것도 몰랐다니까요." 크리스가 말했다.

크리스의 음악 인생은 엑서터 커시드럴 스쿨에서 시작됐다. 그때부터 음악은 크리스를 움직이는 원동력이 됐다. 그가 처음 대중 앞에서 노래를 부른 것은 11살에 있었던 학교 콘서트에서였다. "신문에 관해 직접 쓴 곡을 불렀어요. 호불호가 크게 갈렸죠. 공연이 끝나고 여자애 둘이 다가오더니 '우리 너 노래하는 거 봤어' 하고는 깔깔대고 웃으면서 달아났어요. 형편없다는 말을 돌려서 표현한 거죠. 이후 제 인생은 그날의 무한 반복이라고 봐도 과언이 아니에요."

1990년, 도싯에 있는 셔번 남자 초등학교에서 크리스는 필과 처음 만났다. 당시 13살이었던 둘은 U2의 Achtung Baby를 함께 들으며 단짝 친구가 됐다.

"커서 함께 음악을 하면 좋겠다는 꿈이 있었어요. 당시 저의 꿈은 크리스와 음악을 하는 거였어요. 하지만 곧 저에게 연주하는 재능이 없다는 걸 알게 됐죠." 필이 말했다.

몇 년 후 크리스는 공연을 하고 싶어 안달이 났다. "한동안 노래하는 것에 대해 잊고 지냈어요. 그런데 어떤 아이들이 학교 공연에서 'Sweet Child O' Mine'을 연주하겠다는 거예요. 노래를 해도 되겠냐고 물어봤더니 나를 받아줬어요. 연습 도중에 톰이라는 친구가 나한테 그랬어요. '크리스, 미안한데 티나

> " 데번주의 중산층 백인 가정에서 태어나서인지 두려움이 많았어요. 해서는 안 될 것 같은 일들이 많았죠. 가령 팝스타가 된다거나 머리를 기르는 일들 말이에요. "
>
> 크리스

위 로킹 혼키스라는 밴드에서 활동한 필과 크리스. "가끔 이런 흑역사가 튀어나온다니까요. 같이 밴드를 했던 롭이라는 친구가 마음 독하게 먹으면 우리 밴드 커리어는 끝장날 수도 있어요."
아래 록필드 스튜디오에서 Parachutes 앨범 녹음 당시 크리스.

터너처럼 안 부르면 안 되겠니?' 그래서 제가 대답했죠. '뭐?
난 액슬 로즈 모창을 한 건데?'"

학교에 새로 부임한 음악 교사인 스티븐 태너는 크리스가 키
보드를 다시 연주하게 되는 촉매제 역할을 했다. 그가 처음
피아노를 친 건 7살 때였다. "태너 선생님 이전에 계시던 음
악 선생님은 클래식 기반이었죠." 크리스가 회상했다. "그런
데 새로 오신 선생님은 '음악은 모든 사람들을 위한 것이다.
클래식 수업을 안 받았다고 해서 연주를 할 수 없는 것은 아니
다'라고 말씀하셨어요. 너무 멋지다고 생각했어요. 아무도 그
런 얘기를 해준 적이 없었거든요. 그 영향으로 모차르트처럼
되어야겠다는 생각은 사라졌죠." 태너는 학교에 키보드를 여
러 대 들여놓았다. "연주하기 편한 악기였어요. 다들 한 번씩
쳐볼 수 있게 해주셨죠. 한 손가락으로도 곡을 연주할 수 있다
고 하셔서 그렇게 해봤어요. 그 시기에 처음으로 밴드에 들어
간 거예요."

훗날 크리스는 은사에 대한 존경을 표했다. 2016 러브 버튼
소울 어워드에서 스티븐 태너에게 상을 전달한 것이다. "존경
하는 음악 선생님께. 제가 11살이었을 때 선생님은 전자 키보
드 11대를 학교에 들여놓으셨어요. 덕분에 제 인생에 새로운
가능성들이 열렸어요. 영원히 감사하는 마음으로 살겠습니
다." 당시 크리스가 상을 전달하며 남긴 말이다.

사춘기 소년에게 키보드와 작곡은 더없이 좋은 취미였다. "남
자에게 13살에서 15살까지는 힘든 시기죠. 사춘기라는 달리
기 시합이 있는데, 그 대열에 마지막으로 합류한다는 건 썩

유쾌한 일은 아녜요. 저는 종교의 영향을 많이 받아서 순진하
고 도덕적이었어요." 크리스가 말했다. "3년 내내 인기가 없
었어요. 그러다 갑자기 바뀌었죠. 그 도전의 시기가 지금도 소
중하게 느껴져요. 좁은 시야에 갇힌 학교생활에 대한 도전이
었죠."

크리스는 16세가 되어서야 학교생활이 조금 즐거워졌다고 한
다. 그때 그를 붙잡아준 것은 키보드였다. 야마하가 주최한 작
곡 경연대회에 참가하기 위해 크리스는 키보드를 연습하고
작곡 능력을 키워나갔다. "정말 좋은 계기였죠. 작곡이랑 연주
를 심사하는 대회였어요. 어느 날 갑자기 런던으로 오라는 전
화를 받았어요. '정말? 데번 촌놈인 나한테 그런 기회를 준다
고?' 신이 났죠. 계속 음악을 할 수 있을지도 모른다는 자신감
이 생겼어요." 몇 년 후 크리스는 그 대회에 심사위원으로 초
청됐다.

학창 시절 크리스는 연습실에서 피아노를 치는 것으로 늘 하
루 일과를 마무리했다. "모든 키보드 연주자가 그렇듯 저는
진심으로 프런트맨이 되고 싶었어요." 그때부터 그는 아이덴
티티 크라이시스(사춘기에 접어들지 않은 펫 숍 보이스 콘셉트),
플로팅 인섬니아, 로킹 혼키스 등 여러 밴드를 전전했다.

로킹 혼키스를 결성한 로브 이글섐(프런트맨)과 필 하비(베이
스)는 키보드 주자를 찾고 있었다. 필은 크리스를 추천했다. 이
글섐은 당시를 이렇게 회상했다. "크리스는 무대에서 참 행복

해 했어요. 다른 멤버들과 달리 자신감이 넘쳤죠. 한번은 필이 물었어요. '혹시 나중에 크리스가 스타가 되는 건 아닐까?'"
필은 결국 밴드를 뒷받침하는 역할로 강등됐다. 반면 크리스는 어느새 밴드의 중심이 됐다. "크리스는 13살에 천부적인 재능을 보였어요. 선풍적인 인기를 끌었죠. 몇 년 후 옥스퍼드 대학을 자퇴하겠다고 말씀드렸을 때 우리 부모님은 크게 놀라지 않으셨어요. 크리스가 얼마나 잘하는지 알고 계셔서 안심을 한 거죠. 두 분의 예상이 적중했어요." 필이 말했다.

황금을 찾아서

크리스가 어느 대학 영문과에 지원했다가 떨어진 일화는 잘 알려져 있지 않다. 그는 가사를 쓰는 데 도움이 될 것 같다는 생각에 영문과에 지원했다. 만약 그 학교에 입학했다면 콜드플레이는 존재하지 않았을 것이다.
"『휘딩턴과 고양이』에서 딕 휘팅턴이 황금을 찾아 떠난 것처럼 저는 런던으로 갔어요. 딕처럼 고양이를 데리고 가지는 않았지만 대신 12개의 짐 가방이 있었죠. 아버지가 태워주셨어요. 램지 홀이라는 기숙사에서 조니를 만난 뒤 인생이 바뀌었죠."
크리스는 훗날 밴드 멤버가 되는 친구들을 모두 기숙사에서 알게 됐다. "기타를 들고 캠퍼스를 어슬렁거리는 학생이 족히 500명은 됐어요. 우린 그중 네 명에 불과했죠. 운 좋게도 서로를 발견했어요. 이 친구들을 안 만났으면 난 뭘 하고 있었을까요?" 크리스가 말했다.
크리스 푸프는 학생회 바에서 있었던 일화를 회상했다. "크리

스가 소형 녹음기에 'Smells Like Teen Spirit'를 개사해서 녹음했어요. '이 바에서 나가. 지금 나가. 너희들이 있는 게 싫어⋯⋯' 그걸 매일 밤 마감할 때 틀라고 하면서 바 매니저한테 줬어요."
크리스는 지난 20년을 돌이켜봤을 때 지금처럼 마음이 안정된 시기는 없었다고 한다. 최근 필은 그에 대해 이렇게 말했다. "이제 크리스는 '될 대로 돼라. 전 이렇게 살련다'라는 마인드를 갖고 있어요. 지난 몇 년간은 사람들이 자신에 대해 어떻게 얘기하는지에 대해 걱정했지만, 이제는 자유를 찾은 것 같아요."

뎁스가 바라본 크리스

"싱어송라이터이자 프런트맨은 다른 멤버들에 비해 더 주목받기 마련이다. 포지션의 특성상 그들은 복잡한 성격을 띠는 경우가 많고, 종종 의도치 않게 논란을 야기하곤 한다.

크리스는 의도적으로 미디어의 환심을 사려고 한 적이 없다. 애초에 그럴 수 있는 사람이 아니다. 자신의 역할을 기꺼이 받아들이며, 아주 가끔은 불평하기도 한다. 밴드 멤버들 중 크리스는 유독 언론의 관심을 많이 받는다. 아마도 엄청난 부담을 느낄 것이다.

그가 중심을 잡고 있는 모습을 보면 경외심마저 든다. 그 정도로 사생활에 침해를 받는 것이 어떤 것인지 나로서는 상상조차 하기 힘들다. 그럼에도 크리스는 본연의 자아를 잃지 않았다. 그는 거친 바다를 항해해왔지만 여전히 배움에 대한 열정이 넘치고, 세상에 긍정적인 영향을 주기 위해 자신의 위치에서 늘 노력한다. 놀라운 유머 감각의 소유자인 크리스는 그야말로 진귀한 보석 같은 존재다."

옆 Mylo Xyloto 투어 당시 열정적인 무대를 선보이는 크리스. 2012년 6월, 런던 에미레이츠 스타디움.
왼쪽 Twisted Logic 투어 중. 2006년 7월 1일. 호주 멜버른, 로드 레이버 아레나.
아래 2011년 10월 1일 록 인 리오 페스티벌 당시 수많은 관중에게 인사하는 크리스. 10년 만에 열린 록 인 리오 공연이었다.

CHAPTER SEVEN

UP AND UP

위로, 또 위로

'Up & UP'

" 무대에 서면 우리가 세계 최고의 밴드라는 생각에 조금의 의심도 들지 않아요. 하지만 90분이 지나면 그 생각이 사라지죠. "

크리스

옆 생명의 꽃. A Head Full of Dreams 앨범 디자인의 토대가 되는 그림.

Ghost Stories가 '밤'을 상징하는 음반이었다면, A Head Full of Dreams는 밴드가 화창한 햇살을 받고 있음을 알렸다. 비교적 짧게 끝난 Ghost Stories 활동 기간 이후, 멤버들은 침울하고 개인적인 이야기를 다룬 앨범 직후에 어떤 앨범을 만들어야 할지 즉각적으로 알 수 있었다. 크리스는 A Head Full of Dreams를 두고 히피 성향의 앨범이라고 설명했다. "여태까지 우리가 만든 모든 음반은 이 앨범을 만들기 위한 과정이었죠."

다시 살아난 기분 ALIVE AGAIN – 'Adventure of a Lifetime'

크리스는 페르시아의 시인 루미가 13세기에 쓴 '여인숙'이라는 시를 읽었다. 이는 인간이 느끼는 감정을 뜻밖에 찾아온 손님에 비유한 시다. "그 시를 읽고 인생이 바뀌었어요." 크리스가 말했다. "인생에서 어떤 일이 일어나든 괜찮다고 말하죠. 긍정적인 것과 함께 부정적인 것도 받아들이라는 메시지예요. 우리가 느끼는 모든 감정은 일종의 선물이며, 기쁨과 마찬가지로 우울한 감정도 어떻게 수용하느냐에 따라 인생에 이로울 수 있다는 내용이에요."

콜드플레이는 그 메시지를 실천했다. 새 음반을 통해 밴드는 날개를 펼치며 자신들이 느끼는 무게를 떨쳐냈다. "콜드플레이 팬이라면 마음에 드실 거예요. 우리가 싫다면? 걱정하지 마세요. 그래도 괜찮으니까요." 크리스가 말했다.

이 시기에 크리스와 필은 L.A.에, 가이와 조니, 윌은 영국에 거주했기 때문에 콜드플레이는 효율적인 작업 방식을 찾아야 했다.

스타게이트와의 협업

A Head Full of Dreams의 작곡 과정은 이전 앨범들과는 사뭇 달랐다. "이번에는 우리가 가진 모든 색을 다 펼쳐놓고 싶었어요." 크리스가 말했다. "우리에게 없는 색은 동료 아티스트나 프로듀서에게서 빌리기로 했죠."

음반 작업이 진행되면서 크리스는 마치 오디션을 보는 지망생처럼 지속적으로 스타게이트에 데모를 제출했다. 스타게이트는 명성이 자자한 노르웨이의 프로듀서 겸 작곡 팀이다. "최소한 어떤 곡으로 작업하게 될지는 알려야 했으니까요." 가이가 말했다.

처음에는 순수 팝 프로듀서들을 섭외하는 것에 의문이 제기됐다. "다들 회의적이었어요. 저를 포함해서요." 크리스가 말했다. "특히 리듬에 관련해서는 다들 부정적으로 생각했죠." 조니가 말했다.

스타게이트는 콜드플레이가 더 많은 이들의 관심을 끌기 위해 트렌디한 음악을 섭렵하려는 것이 아닌지 의심했다고 한다. "우리가 보낸 곡에 스타게이트가 자신들의 색을 입혀서

이타심은 가정교육에서 시작된다

콜드플레이가 최초로 큰돈을 벌었을 때, 크리스는 멤버들에게 수입의 10퍼센트를 기부하자는 의견을 냈다. 그는 어렸을 때부터 기부를 중요하게 생각했다. 그의 어머니가 용돈을 줄 때마다 10퍼센트는 기부해야 한다고 가르친 영향이다.

콜드플레이는 옥스팜, 클라이언트어스 등의 단체를 지지하는 것에 이어 북런던에 거주하는 불우한 어린이들을 돕기 위해 새로운 프로젝트를 진행 중이다. 곁에서 지켜본 데이브 홈즈는 이렇게 말한다. "세월이 지나도 멤버들은 전혀 달라지지 않았어요. 유명세에 영향을 크게 받지 않았죠. 다들 여전히 착해요. 누리고 있는 것에 감사하는 마음을 갖고 살죠. 당연하게 여기는 사람은 아무도 없어요."

"밴드 정체성의 중요한 부분이 된 거 같아요. 멤버들은 자신들이 얼마나 운이 좋은지 잘 인지하고 있죠. 그렇기 때문에 사회적인 책임감을 갖고 있어요. 세상 사람들에게 가능한 좋은 영향을 끼치고 싶어 하죠." 필이 말했다.

되돌려주는 식으로 작업했어요. 어떤 곡들은 너무 팝적이어서 선을 넘었다 싶기도 했죠. 반대로 스타게이트가 똑같이 느끼는 경우도 있었고요." 크리스가 말했다. 완성된 앨범에 담긴 음악은 두 팀이 적절한 균형을 찾은 결과물이다. "스타게이트의 가장 큰 장점은 틈새를 잘 찾아낸다는 거예요." 윌이 말했다. "우리는 밴드이기 때문에 두껍고 단단한 소리를 좋아하는 경향이 있죠. 스타게이트는 그 단단함을 녹이는 재주가 있어요."

"스타게이트와 작업하면서 많은 영감을 얻었어요. 같이 일하기 좋은 사람들이죠. 우리와는 다른 장르를 하는 팀이에요. 우리는 새로운 것을 만들어보고 싶었어요." 가이가 말했다.

협업하다 보면 파일을 주고받는 일이 많아진다. "우린 같은 방향을 보고 있었어요. 그쪽 팀에서 마법을 부리는 사이에 우리는 다른 작업을 할 수 있었죠. 아주 유동적인 작업이었어요." 윌이 말했다.

릭 심슨과 댄 그린은 이번에도 프로듀서를 맡았다. "스타게이트와의 작업은 정말 즐거웠어요. 고집부릴 일이 없었으니까요." 심슨이 말했다.

"정말 쉬웠어요. 우리는 뮤지션들을 대변하는 역할만 하면 됐으니까요." 그린이 말했다. "우린 한 팀이었어요. 양쪽의 상상력을 교차시키려고 노력했죠."

녹음이 반 정도 진행된 시점에 크리스가 말했다. "7집 앨범이네요. 해리 포터 시리즈의 마지막 책이 생각나요. 이제 활동을 접겠다는 얘기가 아니에요. 하지만 무언가가 완성됐다는 느낌은 들어요. 이 밴드에 속해 있는 게 즐겁게 느껴지는 시기네요."

신나는 모션 캡처

콜드플레이와 스타게이트가 함께 만든 'Adventure of a Lifetime'은 오랜 스튜디오 작업을 통해 태어났다. "계속해서 가지치기를 해야 했어요." 조니가 말했다. 첫 번째 싱글인 이 곡은 원래 'Legends'라는 제목이 붙어 있었다. "원래는 코드 진행과 혹이 지금과 달랐어요. 이런저런 요소들이 하나둘 제거됐고 그 상태에서 새로 살을 붙였죠."

니콜라스 크리스토프와 셰릴 우던이 함께 쓴 소설 『절망 너머 희망으로』에서 영감을 얻어 만든 이 트랙은 크리스가 조니에게 건즈 앤 로지스의 'Sweet Child O' Mine' 같은 명 리프를 만들어보라며 도발한 것에서부터 시작됐다. "다른 멤버들에게 먼저 곡의 뼈대를 만들어보라고 부탁했어요. 제가 항상 모든 곡을 다 쓰는 건 아니에요. 이 곡은 조니의 리프에서 시작됐어요. 마지막으로 숟가락을 얹은 건 저였죠." 크리스가 말했다. 곡의 최종 버전은 첫 번째 싱글로 채택됐다. "첫 곡이 돼서 너무 기뻐요. 이 곡이야말로 진정한 밴드의 곡이니까요."

크리스는 비행기에서 우연히 앤디 서키스와 마주쳤다. 서키스는 매트 화이트크로스의 영화 〈섹스&드럭스&록&롤〉에 출연했었는데, 이 인연을 계기로 그들은 협업하게 됐다. 당시 서키스는 '이메지나리움'이라는 이름의 모션 캡처 스튜디오를 열었는데 그는 밴드에게 스튜디오에 와서 애니메이션 영상을 만들어도 좋다고 허락했다. 아바타를 하나씩 고르라는 말에 멤버들은 처음엔 각기 다른 아바타를 골랐다. 하지만 윌이 침팬지를 선택하자 다른 멤버들도 모두 따라 골랐다. 〈혹성 탈출〉과 〈반지의 제왕〉에서 활약한 서키스는 모션 캡처 분야의 황제라고 해도 과언이 아니다. 그는 밴드 멤버들에게 침팬지처럼 움직이는 요령을 알려줬다.

그런데 매트 화이트크로스가 감독을 맡은 이 뮤직비디오는 완성까지 6개월이 소요될 예정이었다. 이는 전혀 예상치 못한 문제였다.

편집 과정이 길어지자 필과 밴드 멤버들은 이미 정해져 있는 싱글 발매일을 늦춰야 하는지 고민했다. 그들에겐 두 개의 선

조니

옆 'Adventure of a Lifetime' 뮤직비디오 촬영 도중 휴식을 취하는 크리스.

위, 아래 밴드와 함께 'Adventure of a Lifetime' 뮤직비디오를 촬영하고 있는 매트 화이트크로스 감독, 침팬지 포즈를 취하는 크리스.

택지가 있었다. 하나는 편집이 다 되기를 기다리는 것이었고, 또 하나는 'Adventure of a Lifetime' 발매 예정일에 맞춰 다른 비디오를 공개하는 것이었다. 하지만 다른 곡에 침팬지 영상을 쓰는 것은 상상만으로도 영 어색했다. 결국 영상이 완성될 때까지 싱글 발매가 지연됐다. 이 뮤직비디오는 2015년 11월 27일에 발매됐다.

지원군

A Head Full of Dreams는 화합을 주제로 하기 때문에 팀 내부에 그런 움직임이 일어난 것은 어찌 보면 당연한 일이다. 스타게이트 외에도 팀에 합류한 이들이 여럿 있었다. "우리 앨범에 참여하길 권유받은 사람들은 우리의 삶에 있어서 중요한 사람들이에요." 크리스가 말했다.

A Head Full of Dreams는 다른 앨범들에 비해 게스트가 많이 참여했다. 그중 가장 눈에 띄는 것은 버락 오바마가 부른 'Amazing Grace'다. 오바마는 2015년 6월 17일에 일어난 총기 사건으로 목숨을 잃은 클레멘타 핑크니 목사를 추모하는 자리에서 이 노래를 불렀다. 희생자의 가족과 친구들은 자신들의 아이들과 함께 'Up & Up'에서 합창 파트를 불렀다.

그 외에도 멤버들이 너무나도 좋아하는 아티스트 두 명이 음반 작업에 참여했다. 노엘 갤러거는 'Up & Up'에, 비욘세는 'Hymn for the Weekend'에 피처링으로 참여했다.

콜드플레이 멤버들은 오아시스의 리더인 노엘 갤러거에게 기타 연주를 부탁했다. "우연히 L.A.에 들렀는데 크리스가 전화해서 오늘 밤에 뭐 하냐고 물었어요." 갤러거가 말했다. "노엘이 스튜디오에 왔을 때 설레었어요. 기타를 잘 쳐야겠다고 생각했죠." 조니가 말했다. 이 곡에서 두 기타리스트는 자신이 아닌 상대방의 스타일로 라인을 만들었다. "노엘과 조니의 결투는 정말 볼 만했어요." 크리스가 말했다. "번갈아가면서 릭을 선보였어요. 노엘이 '그래. 그것 참 괜찮네. 그럼 이건 어때?' 이런 식으로 주고받았죠. 몇 시간 안에 작업이 끝났어요. 정말 아름다운 광경이었어요."

"12마디 비트를 계속 반복했어요. 그 이상은 안 시키더라고요." 갤러거가 말했다.

비욘세는 2010년에 콜드플레이와 TV 자선 방송에서 함께 공연한 인연으로 친분을 다졌지만, 작업하자는 요청은 한 차례 거절한 적이 있었다. 하지만 그녀는 'Hymn for the Weekend'가 자신에게 맞는 곡이라고 느꼈고 보컬 피처링을 수락했다. 녹음은 L.A.에 있는 크리스의 집에 임시로 만든 보컬 부스에서 진행됐다.

'Hymn for the Weekend'는 겹겹이 녹음된 사운드가 특징이다. 그중 인트로는 릭 심슨의 실수에 의해 만들어진 것인데, 비욘세의 보컬이 녹음된 각기 다른 트랙을 재생한 것이 에코 효과처럼 들렸고, 그것이 곡의 인트로로 채택됐다.

페인트를 덧칠해야 해 A BRAND NEW COAT OF PAINT - 'Hypnotised'

이번 앨범의 표지에는 아르헨티나 출신 아티스트인 필라르 제타가 만든 아트워크가 실렸다. 제타의 에이전트인 메이븐이 이메일로 보낸 작품 사진을 필이 보게 되면서 교류가 시작됐다.

필은 제타와 만나 아이디어를 주고받았다. Mylo Xyloto때와 마찬가지로 이번에도 하나의 콘셉트에서 출발해 공동 작업을 요하는 아트 프로젝트로 발전됐다. 제타는 스튜디오의 큰 공간에 자리를 잡고 콜라주, 사진, 페인팅 등 다양한 방법으로 자신을 표현했다. 그녀는 밴드의 도움으로 크고 작은 디테일이 들어간 커다란 캔버스를 완성했다. 캔버스 한쪽을 차지한 밴드 멤버들의 어린 시절 사진은 작품을 더욱 개인적인 성격으로 만들었다.

싱글 표지에는 다채로운 색을 띤 작품이 사용됐다. '생명의 꽃'이라는 제목의 이 작품은 앨범을 대표하는 상징이 되어 공연과 앨범 홍보에도 쓰였다. 2015년 10월, 이 상징과 함께 날짜를 의미하는 숫자인 04.12.15.가 들어간 포스터가 전 세계로 퍼졌다. 팬들은 곧 그 의미를 알아챘다.

2015년 12월 4일, A Head Full of Dreams가 발매됐다. 이를 기념하기 위해 콜드플레이는 평소 친분이 있는 라디오 1의 DJ 그레그 제임스와 함께 질의응답을 하는 페이스북 라이브

옆 위 A Head Full of Dreams 투어 전 구역 통행증.
옆 아래 카디프 프린시펄리티 스타디움 무대에 선 크리스.
아래 오른쪽 웸블리 경기장 공연 티켓. 콜드플레이는 이곳에서 4일 동안 공연했다.
아래 왼쪽 각종 유럽 콘서트 티켓. 2017년 여름. 브뤼셀, 예테보리, 파리.

글로벌 시티즌 페스티벌

글로벌 시티즌은 2030년까지 빈곤 문제를 해결하자는 취지를 가진 구호단체. 2015년 2월, 크리스는 2030년까지 글로벌 시티즌 페스티벌을 지지하겠다는 의사를 밝혔다. 이를 기념해 콜드플레이는 뉴욕시에서 열린 페스티벌에서 6곡을 연주했다. 2015년 12월, 크리스는 인도를 방문했고, 2016년 11월 19일에는 뭄바이에서 페스티벌이 개최됐다.

2017년 7월 6일, A Head Full of Dreams 투어 중이었던 콜드플레이는 독일 함부르크에서 열린 글로벌 시티즌 페스티벌에 세 번째로 모습을 드러냈다.

오른쪽과 아래 2015 글로벌 시티즌 페스티벌 당시 뉴욕시 센트럴 파크 그레이트 론 무대에 선 콜드플레이. 2015년 9월 26일. 아리아나 그란데가 크리스와 함께 'Just A Little Bit of Your Heart'를 불렀다. 공연의 마지막 곡은 'Amazing Day'였다.

방송에 출연했다. 장소는 비하이브 스튜디오였고, 10명의 팬이 초대되어 질문을 할 수 있는 기회를 부여받았다.

2016년 1월 9일, 콜드플레이는 두 번째 싱글인 'Hymn for the Weekend'의 뮤직비디오를 뭄바이에서 촬영했다. 감독은 벤 모어가 맡았으며, 비욘세와 발리우드 스타인 소남 카푸르가 밴드와 함께 출연해 화면을 더욱 빛냈다. 이 뮤직비디오를 채운 무지갯빛 색상은 머지않아 전 세계 스타디움을 장식했다.

슈퍼볼 50

콜드플레이는 몇 개월간의 준비 끝에 2016년 2월 7일, 슈퍼볼 50에 출연했다. 이는 밴드가 역대 가장 많은 시청자(3억 명 정도로 추정)를 상대로 한 공연이다. 낮 시간대에 어떻게 스펙터클한 무대를 연출할 것인지가 관건이었다. 미스티 버클리는 무대 디자인에 아이디어를 보탰다.

슈퍼볼 50주년을 기념하여 콜드플레이는 역대 슈퍼볼 무대에 섰던 아티스트들의 이름을 열거했고, 그중 비욘세와 브루노 마스(마크 론슨과 동행)를 무대로 불러 합동 공연을 펼쳤다.

댄 그린은 계획 단계부터 실제 공연까지 사운드 엔지니어로서 소임을 다했다. "실제 공연은 의외로 간단했어요. 9개월 동안의 준비 과정이 힘들었죠."

"심한 압박을 느꼈어요. 무사히 해낸 우리 팀이 자랑스러워요." 필이 말했다.

그달 말, 콜드플레이는 동료 아티스트인 카일리 미노그로부터 NME 골드라이크 지니어스 어워드를 수여받았다. "콜드플레이는 영국이 낳은 최고의 밴드 중 하나죠." 미노그가 밴드를 소개하며 말했다.

콜드플레이는 다시 월드 투어를 떠났다. 이는 역사상 최대 규모의 투어로 꼽힌다.

일평생 춤을 DANCING ALL LIFE LONG - 'Miracles'

Ghost Stories 활동 시기에는 월드 투어가 없었기 때문에 밴드로서는 실로 오랜만에 떠나는 여정이었다. 첫 행선지는 남미였고, 20개월 후인 2017년 12월 12일, 투어를 마친 곳 또한 남미였다.

이 투어에서 보여준 공연은 시각적, 음악적인 면에서 꿈의 무대로 평가된다. 무대 디자인은 형형색색의 아트워크에 생명력을 불어넣는 데에 중점을 뒀으며, 인도의 홀리 축제에서 영감을 얻어 꽃가루 효과와 꽃으로 꾸며진 배경은 보는 즐거움을 배가시켰다. 무대 중앙에는 '생명의 꽃'이 설치돼 있었고, 원형 무대인 B스테이지 뒤로는 다수의 대형 스크린에 영상이 투사됐다.

앨범의 세 번째 싱글 'Up & Up'은 듣는 이들에게 희망을 불어넣는 곡이다. 이 곡의 뮤직비디오는 이스라엘 출신의 아티스트 겸 감독인 바니아 하이만이 갈 무기아와 공동 연출했으며, 2016년 4월 22일에 처음으로 공개됐다.

이 뮤직비디오는 초현실적인 영상, 왜곡된 원근법, 이어 붙인 이미지들로 채워져 있다. "솔직하게 말할게요. 이 뮤직비디오는 인간이 만든 최고의 뮤직비디오 같아요. 소리를 꺼놓고 봐도 그 생각엔 변함이 없어요. 이게 우리 뮤직비디오라는 게 안 믿겨요. 다른 사람 거였으면 질투가 났을 거예요." 크리스가 말했다.

크리스의 이야기는 계속됐다. "'Up & Up'은 우리를 정의하는 곡이라고 할 수 있어요. 세상을 바라보는 또 다른 시각에 관한 곡이죠."

2016년 여름, 영국으로 복귀한 콜드플레이는 웸블리 스타디

위 캐나다 밴쿠버 BC 플레이스. 2017년 9월 29일. 폭발과 함께 휘날리는 꽃가루.
오른쪽 사운드체크 이후 크리스의 마이크 앞에서 포즈를 취하는 뎁스 와일드.
2017년 6월 프랑스 리옹.
아래 사운드체크 중인 조니. 2017년 6월 프랑스 리옹.

위 미스터 버클리가 스케치한 무대 세트.

아래 관객과 함께 'Live Forever'를 합창하는 리암 갤러거와 크리스. 원 러브 맨체스터 베니핏 콘서트. 올드 트래포드 크리켓 경기장. 2017년 6월 4일.
아래 삽입 해당 공연 티켓.

कोल्डप्ले
कोल्डप्ले

앞 NFL 수퍼볼 50의 메인 무대를 장식한 콜드플레이. 캘리포니아 산타 클라라, 리바이스 스타디움. 2016년 2월 7일.

위 아르헨티나 부에노스아이레스의 밤을 밝힌 콜드플레이. 에스타디오 우니코 라 플라타. 2016년 3월 31일.

아래 아르헨티나 공연 당시 무대에 누워 있는 크리스. 크리스 새먼이 촬영했다. 2017년.

글래스턴베리 - 6부

콜드플레이 사단의 모든 이들은 글래스턴베리를 손꼽아 기다린다. 2016년 6월 27일에 있었던 글래스턴베리 공연은 그 어느 때보다 마법 같았다. "현재 세계에서 벌어지고 있는 일들 때문에 약간 겁먹은 채 페스티벌에 왔어요. 하지만 여러분을 보니 인간은 이토록 멋질 수 있구나 하는 생각이 드네요." 크리스가 말했다.

콜드플레이의 헤드라인 무대가 예정된 일요일이었다. 공연이 시작되기 전, 자주색 외투를 착용한 안내 요원들에게 자일로밴드를 받아가라는 안내 방송이 있었다. 2005년, 제이슨 레글러는 피라미드 스테이지에 선 콜드플레이의 모습을 TV로 시청하며 팔찌를 발명할 생각을 했는데, 그 상상이 어느새 현실이 된 것이다.

여느 때처럼 게스트들이 무대를 빛냈다. 비지스의 배리 깁은 'To Love Somebody'와 'Staying Alive'를 선보였고, 마이클 이비스는 밴드와 함께 'My Way'를 불렀다. 비올라 비치의 'Boys That Sing'이 울려 퍼지자 장내는 숙연해졌다. 비올라 비치는 떠오르는 신예 밴드였는데 그해 초, 교통사고로 멤버 전원이 사망하는 안타까운 일이 있었다. 콜드플레이는 비올라 비치의 유작을 연주함으로써 후배 밴드에게 글래스턴베리의 한 페이지를 헌정했다.

"여기는 우리가 세상에서 가장 좋아하는 장소예요." 2016년, 다시 한번 헤드라이너로 선 글래스턴베리 무대에서 크리스가 관객들에게 말했다.

"콜드플레이 최고의 공연 중 하나였어요. 아주 특별했죠." 마일스 레너드가 말했다.

2018년, 콜드플레이는 글래스턴베리 헤드라인 무대에 가장 많이 선 아티스트로 기록됐다. 그 기록은 결코 쉽게 깨지지 않을 것이다.

아래 2016 글래스턴베리 페스티벌에서 마지막 인사를 하는 콜드플레이. 밀러가 촬영했다.

움에서 4일 동안 공연했다. 멤버들의 친구인 사이먼 페그도 공연을 관람했다. "경기장을 완벽히 지배했어요. 라이브 무대에 가장 강한 밴드가 아닐까 싶어요. 멤버들은 우정을 기반으로 한 강력한 팀워크로 무장돼 있어요. 그 점이 라이브에서 더욱 빛을 발하죠. 음반으로 들었을 때 잘 와닿지 않는 곡이 있으면 라이브로 꼭 들어보세요. 그러면 이해될 거예요. 아마 그 곡이 당신이 가장 좋아하는 콜드플레이 노래가 될 거예요." 페그가 말했다.

지상 최대의 쇼

A Head Full of Dreams 투어는 2017년 12월에 막을 내렸다. 크리스는 직접 적어온 글을 공연 끝 무렵에 읽었다. "친구 여러분, A Head Full of Dreams 투어는 처음 시작했던 이곳 부에노스아이레스에서 이렇게 끝나네요. 세계에 있는 모든 팬 여러분께 감사해요. 우리 공연의 일부가 되어줘서, 우리의 머리를 꿈으로 가득 채워줘서 고마워요. 여기까지는 우리의 첫 번째 챕터였어요. 이제부터 놀라운 일들이 가득할 거예요. 우리 모두 사랑을 믿어요!" 평소보다 더 많은 폭죽들이 터지며 투어는 대단원의 막을 내렸다.

"투어를 하면서 무엇보다 감사하는 마음이 크게 들었어요." 크리스가 말했다. "관객이 한 명도 없던 시기가 있었죠. 지금의 우리는 그때와 똑같은 밴드예요. 지난날들을 돌이켜보면 '와, 우리가 여기까지 올 줄은 몰랐다'라는 생각밖에 안 들어요."

A Head Full of Dreams 투어는 콜드플레이에게 가장 규모가

옆 무대로 돌아가는 크리스. 2016년 11월, 런던 팰러디엄.
위 A Head Full of Dreams 투어 통행증과 자일로밴드.
아래 카디프 공연 당시 'Adventure of a Lifetime'이 연주되며 떠오르는 풍선들.
뒤 콜드플레이의 스타디움 공연에서 빠지지 않는 C스테이지 퍼포먼스.

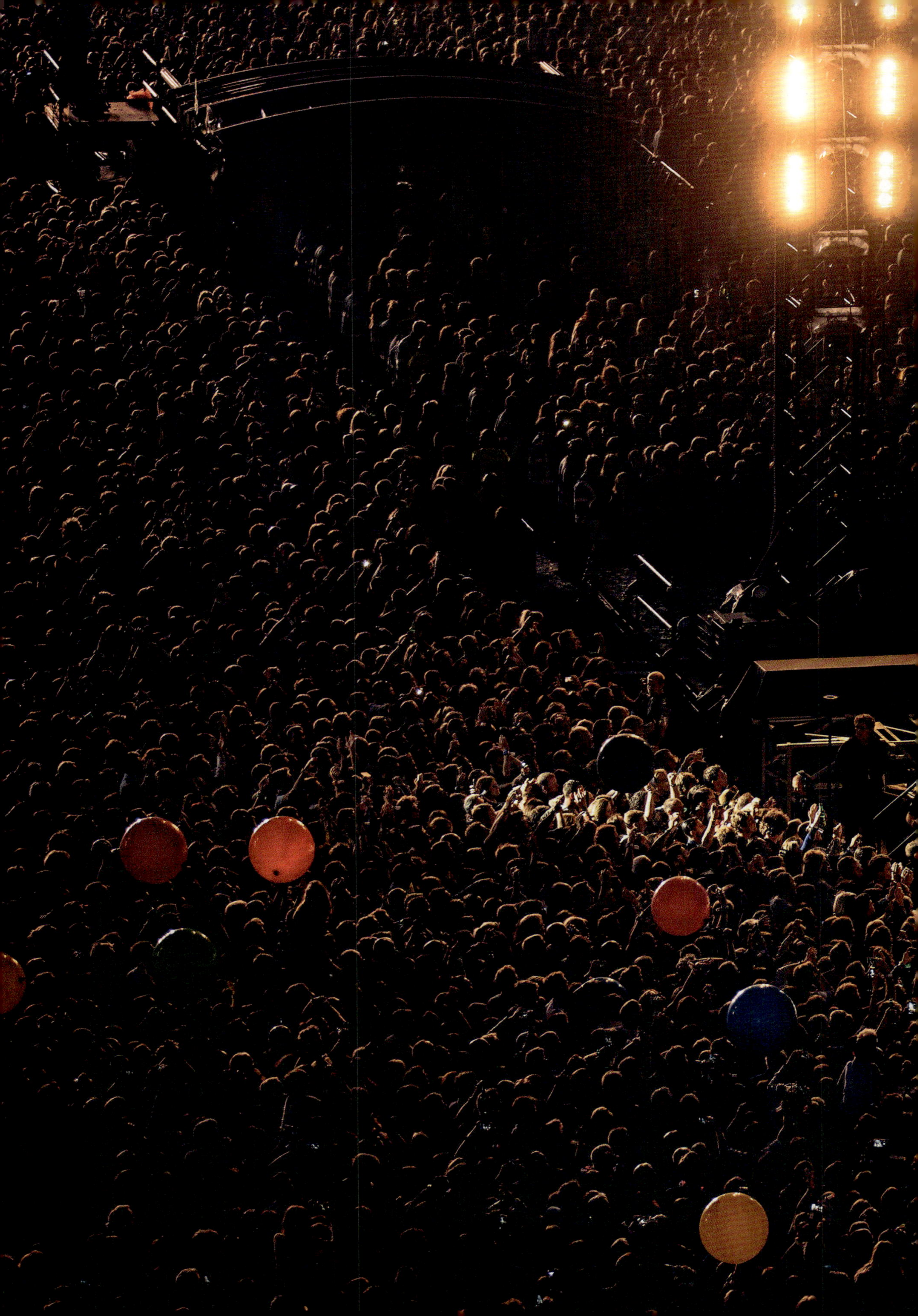

컸던 투어인 동시에, 역사상 세 번째로 많은 수입을 올린 투어로 기록됐다. "어떻게 그런 공연이 가능했는지 저도 이해가 잘 안 돼요." 필이 말했다. 빌보드에 따르면 이 투어는 5억 2천 3백만 달러를 벌어들였고, 540만 장의 티켓을 팔아치웠다. 또한 83개의 장소에서 115회의 공연이 있었다. 밴드의 에이전트인 스티브 스트레인지는 A Head Full of Dreams 투어에 대해 이렇게 말했다. "밴드의 창작물은 언제나 훌륭했고 시간이 갈수록 점점 더 발전되고 있어요. 그들은 늘 고정관념을 깨부수죠. 이미 있는 것을 어떻게 발전시킬 수 있을지를 늘 생각해요. 시각적인 것에서부터 사운드까지 늘 새로운 것을 모색하죠."

JAY-Z는 콜드플레이 투어에 대해 이렇게 말했다. "콜드플레이를 라이브로 볼 기회가 있다면 무조건 보세요. 후회하지 않을 테니까."

"솔직히 제가 가장 자랑스럽게 생각하는 건 투어예요." 필이 말했다. 전 세계 스타디움을 순회할 수 있다는 건 정말 놀라운 일이죠. 스케일이 큰 걸 떠나서 매일 밤 그렇게 강렬한 기운으로 공연장을 채울 수 있다는 게 대단한 것 같아요. 사람들은 정말로 공연에 빠져들어요. 일상을 벗어나 스스로에게 자유를 주죠. 대형 경기장에서는 있기 힘든 일이에요. 그런 이유 때문에 또 투어를 했으면 좋겠어요. 개인적으로 가장 기대되는 일은 다음에 있을 투어예요."

데이브 홈즈에 따르면 안타깝게도 2021년까지는 투어가 없을 예정이라고 한다. "새로운 과제가 생기면 약간 초초해져요. 어떻게 새로운 아이디어를 내야 할지, 휴식기를 갖고 특별한 무기를 만들어 와야 하는 건지 고민하게 돼요." 필이 말했다.

끝이 있으면 새로운 시작이 따르는 법이다. 콜드플레이는 늘 그랬듯 새로운 아이디어를 꺼내놓기 위해 스튜디오로 향했다. 그들이 또 한 번 찬란한 햇빛을 받을 수 있을지는 지켜봐야 알 수 있다. 일단은 20년의 세월과 함께 한 챕터가 막을 내리려 하는 시점이다.

"멤버들은 반평생을 저와 함께 일하며 보냈어요. 처음 보는 순간 특별함을 느꼈지만 이렇게 많은 것을 이룰 거라고는 상상도 못했어요." 뎁스 와일드가 말했다. "그들은 끊임없이 저를 놀라게 해요. 다음에는 뭘 보여줄지 기대돼요."

"우린 정확히 지금 있어야 할 곳에 있는 것 같아요. 이 앨범과 투어 활동이 끝나면서 한 챕터가 막을 내렸죠." 크리스가 말했다. "7집 앨범을 끝으로 밴드의 제1스테이지는 끝났어요. 미래에는 아마 조금 다른 방식의 음악을 하게 될 것 같아요. 정중하고 솔직한 음악을 만들고 싶어요. 다음 행보에 대해서는 조금 더 지켜봐야 알 것 같네요."

옆　A Head Full of Dreams 투어의 마지막 장소인 아르헨티나에서 크리스 새먼이 촬영한 사진. 2017년 11월.
아래　매트 화이트크로스가 찍은 필의 사진.
맨 아래　'Every Teardrop Is a Waterfall' 연주 중, 여러 악기에 능통한 윌이 크리스를 주시하고 있다. 캘리포니아 산타 클라라, 리바이스 스타디움. 2017년 10월 4일.

Buenos Aires Provincia
ESTADIO ÚNICO CIUDAD DE LA PLATA
SALIDA
EMERGENCIA

❝ 앞으로 어떤 일이
일어날지는 알 수 없죠.
언젠가 앨범을 또 한 장
낼 수 있다면 정말 좋을 것
같아요. **❞**

크리스

PICTURE CREDITS

Key: T = top, B = bottom, L = left, R = right & M = Middle

All photography is copyrighted to the photographers.

p9 Debs Wild. Photos by Amy Leggett, p12 Kris Foof, p13–18 Coldplay, p19 Debs Wild, p20T Oz Cift (Private Collection), p20B Coldplay, p21 John Hilton, p22T&B Coldplay, p23T John Hilton, p23B Debs Wild, p24 Debs Wild, p25T Coldplay, p25B Kris Foof, p26 John Hilton, p27–28 John Hilton, p29 Authors, p30 Coldplay, P31–312T&L Oz Cift (Private Collection), p32R Debs Wild, p33TL Be Rozzo, p33TR&BL Coldplay, p33BR Debs Wild, p34T Debs Wild, p34B Gemma Fraser, p35 Coldplay, p36–38 Debs Wild, p39 Piers Allardyce/REX/Shutterstock, p42L Debs Wild, p42R Coldplay, pP43 Oz Cift (Private Collection), p44 James 'Pix' Pickering, p45 Kris Foof, p46 Jeff Dray, p47 Coldplay, p47B Rockfield Studios FEL LLP, p48–49 Jeff Dray, p50T Debs Wild, p50BL Pete Bryne, p50BR Jeff Dray, p51 Amanda Edwards/Redferns/Getty Images, p52L Debs Wild, p52R Danny McNamara, p53 Debs Wild, p54T Debs Wild, p54BL Jeff Dray, p54BR Debs Wild, p55 Debs Wild, p56 Amy Leggett, p57T Danny McNamara, p57R Debs Wild, p58T Amy Leggett, P58B Debs Wild, p59 Peter Macdiarmid/REX/Shutterstock, p60 Debs Wild, p61 Photograph by Chris Floyd, Camera Press London, p62 Richard Young/REX/Shutterstock, p63 Malcolm Croft, p64 Patrick Fraser/Corbis via Getty Images, p67L Jun Sato/WireImage/Getty Images, p67R – Shirlaine Forrest/WireImage/Getty Images, p68 Shane Wenzlick/Getty Images, p69 Quintin Lake, p72L Debs Wild, p72R Munawar Hosain/REX/Shutterstock, p73 Debs Wild, p74 Dave Hogan/Getty Images, p75 Debs Wild, p76 Jeff Dray, p77 TBC, p78 Nick Laham/Getty Images, p79 Vicki Taylor, p80T John Alex Maguire/REX/Shutterstock, p80B John Sault, p81TL Jeff Dray, p81TR Debs Wild, p81B Amy Leggett, p83T Jeff Dray, p83M Debs Wild, p83BL Jeff Dray, p83BR Debs Wild, p84 Eva Vermandel/Contour by Getty Images, p85 Photograph by Andy Cotterill, Camera Press London, p86–87 Debs Wild, p88 John Sault, p89 Photograph by Jason Bell, Camera Press London, p90 Patrick Fraser/Corbis via Getty Images, 94 Coldplay, p95 Debs Wild, p96–98 Vicki Taylor, p99–100 Debs Wild, p101 Action Press/REX/Shutterstock, p102–103 & p103T Vicki Taylor, p103BR & p104T Debs Wild, p104B Mick Hutson/Redferns/Getty Images, p105 Vicki Taylor, p106 Olaf Heine/Contour by Getty Images, p108 Patrick Fraser/Corbis via Getty Images, p110T James 'Pix' Pickering, p110B John Hilton, p111T Bob King/Redferns/Getty Images, p111B George Pimentel/WireImage/Getty Images, p112 Radharc Images/Alamy Stock Photo, p113 Rob Verhorst/Redferns/Getty Images, p117 Coldplay, p118–p119 Debs Wild, p120 Matthew Miller, p120B Davide Rossi, p121 Mick Hutson/Redferns/Getty Images, p122T Debs Wild, p122B Photograph by Dean Chalkley, Camera Press London, p123T John Shearer/WireImage/Getty Images, p123B Brian Rasic/Getty Images, p124TL Vicki Taylor, p124TR Debs Wild, p124ML Vicki Taylor, p125TL & TR Vicki Taylor, p125M Debs Wild, p126 Oz Cift (Private Collection), p127 Rob Loud/FilmMagic/Getty Images, p128TL&R Debs Wild, p128B Nick Pickles/WireImage/Getty Images, P129T&B Vicki Taylor, p130–131 Dave Hogan/Getty Images, p131B & p132T Debs Wild, p132–133B Sarah Lee, p134–135 Rob Loud/FilmMagic/Getty Images, p136 Patrick Fraser/Corbis via Getty Images, p138T Coldplay, p138B Jeff Dray, p139 Chris Pizzello/AP/REX/Shutterstock, p140 Rob Verhorst/Redferns/Getty Images, p141 Kevin Mazur/Getty Images for Atlantic Records, p144 & p145L Coldplay , p145R&M Debs Wild, p146 REX/Shutterstock, p147 Dave J Hogan/Getty Images, p148–149 Matthew Miller, p149T&B Debs Wild, p150 Matthew Miller, p151 Matt Cardy/Getty Images, 152 Christopher Polk/Getty Images for Clear Channel, p153LR Debs Wild, p153B Brian J. Ritchie/Hotsauce/REX/Shutterstock, p154 Ethan Miller/Getty Images for iHeartMedia, p156T Debs Wild, p156B Dan Moore, p157 Peter Wafzig/Getty Images, p158–159 Carlos R. Alvarez/WireImage, p159 Christopher Polk/WireImage/Getty Images, p160 & p161T Debs Wild, p161B Dean Mouhtaropoulos/Getty Images, p162–163 Hayley Madden/Redferns/Getty Images, p166 Coldplay, p166BR & p167T Quintin Lake, p168T Coldplay, p168BL Chris Salmon, p169 Helen Lu, p170BL Debs Wild, p170BR Laura Woodroffe, p171 Debs Wild, p172–173 Sarah Lee, p174 Patrick Fraser/Corbis via Getty Images, p176T Rob Eaglesham, p176B Coldplay, p177 John Hilton, p178 Richard Isaac /REX/Shutterstock, p179T Ryan Pierse/Getty Images, p179B Buda Mendes/LatinContent/Getty Images, p184 Mat Whitecross, p185 Sarah Lee, p186T Debs Wild, p186B Sam Neill, p187 Debs Wild, p188T Taylor Hill/WireImage/Getty Images, p189B Kevin Mazur/Getty Images for Global Citizen, p189 Chris Salmon, p190T Andrew Chin/Getty Images, p190B Phil Harvey, p191T Misty Buckley, p191B Kevin Mazur/One Love Manchester/Getty Images for One Love Manchester, p192–193 Harry How/Getty Images, p194T RMV/REX/Shutterstock, p194B Chris Salmon, p195 Matthew Miller, p196 Alex Fordham, p197T Debs Wild, p197B & p198–199 Sam Neill, p200T Mat Whitecross, p200B Steve Jennings/Getty Images, p201 Chris Salmon, p202–203 Sam Neill

Every effort has been made to acknowledge correctly and contact the source and/or copyright holder of each picture and Carlton Publishing Group apologises for any unintentional errors or omissions that will be corrected in future editions of this book.